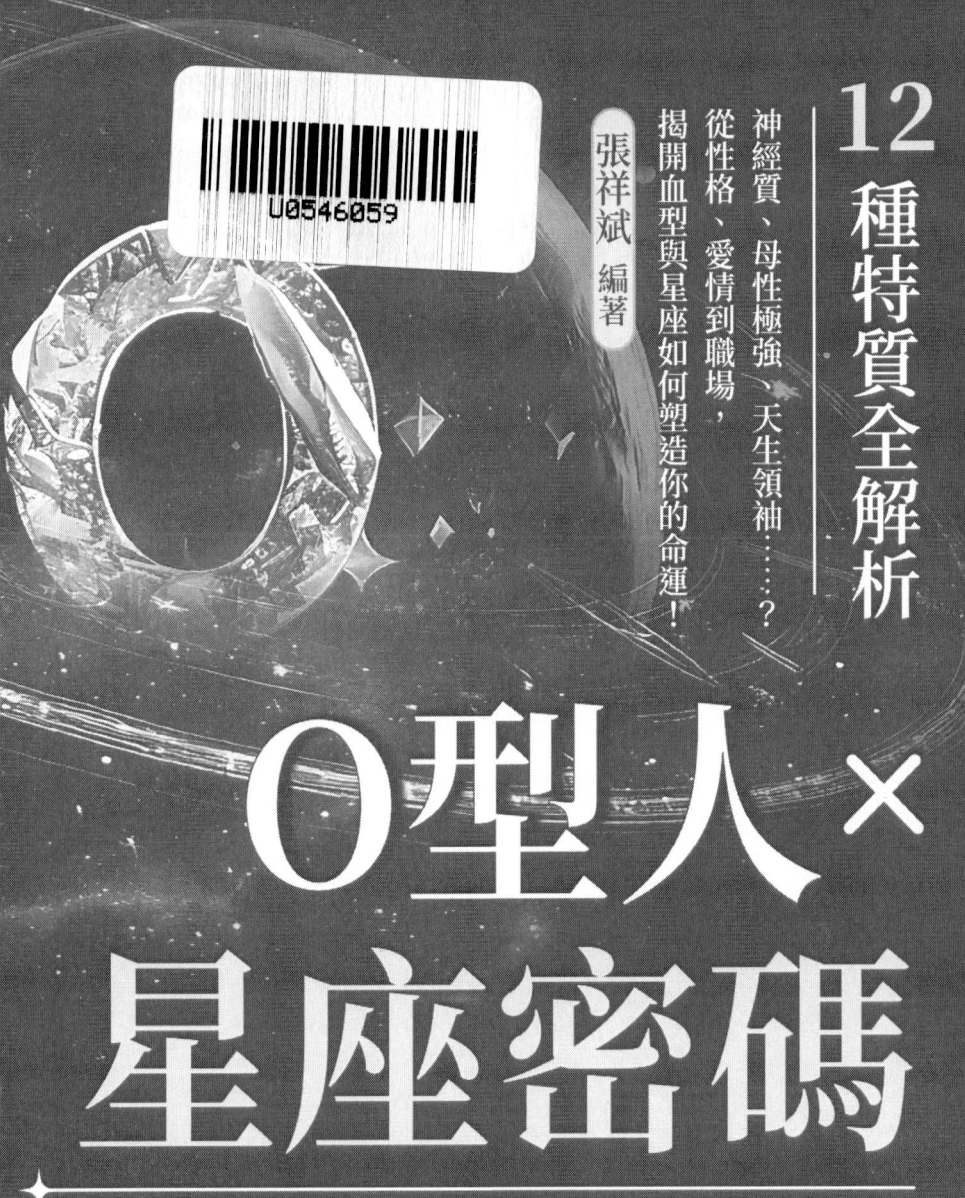

O型人 × 星座密碼

12種特質全解析

神經質、母性極強、天生領袖……？
從性格、愛情到職場，
揭開血型與星座如何塑造你的命運！

張祥斌 編著

幹勁十足的挑戰者？默默奮鬥的理想主義者？
追求浪漫關係、占有型戀愛、盲目感情觀……
✦ 獨特魅力×人生優勢，深入剖析O型人的內心世界 ✦
破解愛情、人際與職場的行為模式！

目 錄

前言

第一章　O型性格全解析

009　第一節
　　　堅韌不拔的挑戰者 —— O型人的性格特質

024　第二節
　　　甜蜜與占有並存 —— O型人的愛情觀

042　第三節
　　　公平交換的社交法則 —— O型人的人際關係

053　第四節
　　　從潛力到成功 —— O型人的職場智慧

第二章　O型人12星座解析

068　第一節　火象O型人——
　　　　熱情、自信與行動力
　　　　（白羊座、獅子座、射手座）

100　第二節　風象O型人——
　　　　智慧、變通與溝通力
　　　　（雙子座、天秤座、水瓶座）

134　第三節　水象O型人——
　　　　感性、直覺與深層情感
　　　　（巨蟹座、天蠍座、雙魚座）

168　第四節
　　　　土象O型人——
　　　　穩重、實踐與堅持
　　　　（金牛座、處女座、摩羯座）

前言

　　人的血型是終身不變的,在身體裡流淌的血液,除了帶給我們生命與活力之外,也一定程度上決定了我們的性格和待人接物的觀念。

　　或許您認為,血型與性格沒有什麼直接必然的連關係。但是當我們對血型深入研究並總結規律後,卻發現血型和基因一樣,決定著人的潛意識,影響著人的性格、人際交往、戀愛婚姻和職業取向的態度,而且血型對一個人性格的影響還是相當大的。

　　如果能夠確切地掌握自己血型的特性,合理地改善自己的性格、脾氣和待人接物的方式,就可以使自己的人際關係更加和諧,讓自己的職業成就更加顯著。

　　星座起源於四大文明古國之一的古巴比倫,占星師們從千百年的實踐與經驗之中找尋天體運動與人類旦夕禍福的關聯,總結出一套透過觀測實際的天體執行情況來預測人的命運的方法。占星學認為某時某地的天空與某個人是有連繫的,存在對應關係。星座和人因此是緊密相關的,這個人的命運是可以推算出來的。

前言

　　本書將現代科學對血型的研究與古老神祕的占星學結合在一起，全方位剖析血型與星座之間的關聯。旨在幫助讀者朋友全面而深入地了解自己和身邊人，把握人生機遇，了解命運起伏規律。以平和端正的心態、積極進取的行為邁開成功的腳步。

第一章
O型性格全解析

第一章　O型性格全解析

　　O型人是人類最原始、最古老的一種血型，也是現實生活中最具代表性的血型，在世界各國血型人數的統計中，O型又在數量上占據著極大的優勢。

　　約10萬年前，地球上大部分地區只有O型人。他們以狩獵和採集食物為生，其特點是對高蛋白食物適應力很強，但對穀物吸收能力極差，因此，O型人的體質與原始人較接近。

　　這些都是O型人的先天優勢，O型人對現實環境的體會最為直接和強烈，對人的各種本能需求最為敏感。他們嚮往高層次的生活，往往用現實的要求來決定各種精神享受。因而在現實中，O型人駕馭生活的能力很強，相對其他血型占據優勢。

　　一般來說，O型血期結束得較早的地區，就會提前出現新的文明。作為人類始祖的非洲及美洲、大洋洲等一些國家的O型血期特別長。

　　有可能是受地理環境的影響，留在原居住地的土著居民比其他地域的人們晚了兩千年左右，最終才以血的代價結束了O型血期；O型血期的O型人沒有經過A型與B型的分裂合成，是原始人。其智力、能力與現代O型人絕不可同日而語。

　　原始O型人的保守程度相當驚人，如果不與現代人結合產生下一代，光憑自然變化其演化時間會相當漫長，他們也不會輕易融入現代社會。

第一節
堅韌不拔的挑戰者
── O型人的性格特質

一、我和性格交手，直覺處處有

1. 富有幹勁

O型人一旦面對工作，往往會很本能的把積蓄於體內的幹勁發揮出來。在工作的時候，O型人會全力以赴，越是處於艱難的狀況，越會感覺到富有挑戰性，做起事來也就更為有勁。

2. 明朗

O型人是公認的具有強烈意志的人，對於別人對他們的批評、責難，一點也不在意，不會因此而挫折。一旦認為自己沒錯，就會一心一意貫徹其信念，達到目的。O型人很倔強，肯努力，支配欲很強。明朗地反映出強烈的自我肯定，這是O型人的心理特性。

3. 具有包容力

每一個人都懷抱著一個理想，O 型人也不例外，然而不管是擁有狂想或追求目標，O 型人絕對不會跟現實生活脫節。

O 型人所擁有的幹勁也相當的吸引人，而且，這並非是表面的包容力，而是在充滿了幹勁的言行舉止中，自然表露出來的包容力。

4. 強烈的神經質

從表面上看，O 型人被認為能夠克服現實的困難，朝著自己的道路邁進，是個不折不扣的強者。O 型人也被這種評價所困惑，進而想維持其英雄式的作風，結果反而使挫折感不斷加深。

一旦不能忍受現實的生活，被煩惱所壓倒而感到挫折時，就會完全失去自信，進而導致嚴重的神經質者不在少數。

5. 富模仿性及創造性

關於 O 型人的模仿天性，並非是一味不變的接收，而是把從別人那裡學來的事物加以消化、吸收，變成自己的東西，以符合自己的需求。例如有某種新知識、新觀念時，O 型人就會慢慢反芻其知識的精華，從各種角度思考，如何加以充分應用，使之充分發揮。

6. 現實性

O 型人常會在瞬間改變對某個人的觀念和態度，如以前從不放在眼裡的人，一旦對自己有助益時，他就會立即改變對此人的態度。

因此，O 型人在現實社會裡，會表現出他的適應力和依賴性。對於利害關係，向來非常敏感，所以絕不會出現任何有違現實的事情和想法。

7. 頑固

O 型人具有高度的判斷力和積極的做事態度，而且性情開朗，但是對於事情的看法，不會立即採信，必須用客觀的判斷或經過求證，才會改變原有的不信任態度。至於 O 型人外表看似頑固的原因，是因為他對未經證實的事物，用客觀的態度做了理論上的分析和檢驗，而這種方式不一定符合實情，以致於被誤認為過於頑固。

O 型人是公認的具有強烈意志的人，別人對他的設計和煽風點火，不會使得他們隨波逐流，一旦認為自己沒錯，就會專心致志朝目標前進。

O 型人具有高度的判斷力和積極的工作態度，並且秉性豁達。可是對於工作上的不同見地，不會當即採信，必須用客觀的事實來判斷求證後，才會改變不信賴立場。而那些不符合實情的事情，則予以拒絕，致使被誤認為過於頑固。

第一章　O型性格全解析

　　關於O型人的模仿本性，從來都不是一味不變的接受，而是批判地接收，變成自己的生存工具，滿足自身的需求。例如剛接觸某類新學問、新思唯時，O型的人就會慢慢反芻其學問的精髓，從各類角度思考，怎樣加以充分利用，使之充實提升。

　　O型人最容易感到孤獨，心靈上呈現空虛；喜好逃避現實，猶豫不決，不知所措。

　　O型人做事情喜歡全力以赴，不懼怕困難，做起工作來激情四射。

　　O型人的幹勁相當的吸引人，他們的包容力能夠團結住身邊的許多人，能夠懷著包容的心態，O型人或許可以改變一下他人對自己抱持的頑固印象。

二、生活習性啟示錄

(1)　最酷最霸道。

(2)　最狠，也就是說最土匪。

(3)　最愛車子的引擎。

(4)　最會殺人不見血，氣死你。

(5)　最伶牙俐齒。

(6)　最敢愛敢恨，形之於外。

(7)　最易入睡，但睡相很難看。

第一節 堅韌不拔的挑戰者—O 型人的性格特質

(8) 最好養了,什麼都敢吃。
(9) 最喜歡喝酒。
(10) 最喜歡登山和旅遊。

O 型人的人生觀豁達,最適應自然的生活方式,容易直接表露內心世界。生活態度比較現實,熱愛生活,精力旺盛,講究實際。

O 型人的行為特徵是注意力集中,目的性強,辦事能抓住重點,但較粗放,一旦失去目標即會墮落。感情特徵是有理智,平時情緒穩定,壓力太大時會突然自暴自棄。

O 型人的思維判斷邏輯性強,表達問題清楚,雖有信念,但看法現實,利害關係明確,觀察力強,能夠抓住重點,直截了當,有時較簡單;對自己的專業好奇心強。

O 型人喜歡向著目標努力,耐性很強,但不做無謂的忍耐,發現不行則迅速放棄。

O 型人的金錢觀念靈活,善於周轉資金,創造財富,毫不吝嗇在人際關係上花錢。

O 型人業餘愛好十分浪漫,富有詩意,喜歡自然界,愛好留念、收藏和比賽。

O 型人衣著隨便,愛穿什麼就穿什麼,稍微奇異的服裝,也不顧慮,不趕時髦,講求實用。

第一章　O型性格全解析

　　O型人喜歡鄉土風味和家常菜，不挑食，但講究實惠。能夠熟睡，但有心事時則嚴重失眠，能夠白天睡覺，夜晚工作。

　　O型人對健康和疾病有些神經質，生病時精神負擔很重。

　　O型人能夠肯定過去，從不後悔；喜歡回憶，關心未來，對未來的生活充滿信心。

三、理財觀 —— 錢生錢

　　O型人對於金錢的掌握大多還是很有技巧的，善於以小搏大，在自己熟悉的行業或者領域上，靈巧運用金錢的周轉，透過積極的努力可以擁有一筆財富，能夠為了人際關係而慷慨大方，一擲千金。

　　O型人可稱得上是喜歡投資的血型，大部分O型人對數字有一定的興趣，也熱衷於各式各樣的理財、投資方式，一旦O型人認準了目標，是極可能把大筆資金投出去的。

　　O型人可能會時而大方、時而小氣，原因就在於O型人比較實際。

　　當他大方的時候，通常是他賺到錢、或者對人有所求的時候，不過也不要因此對O型人敬而遠之。因為，當他將你視為知心朋友時，他可是會對你非常豪爽的！

對於O型人來說，男女還是有所區別的。O型女性是對金錢不太拘小節的人，她們抱持的觀念是「當用則用」。因此，她們如果是團體中的領導者，就會本於照顧下屬的心理，時常大方的請客。不過，她們無論再怎麼大方，也不會過度浪費金錢或憑一時衝動購買東西，因為她們很有金錢概念，但儲蓄計畫稍有欠缺，不過能夠妥善運用金錢。

O型男性大多具備清晰的金錢觀念，不會胡亂花錢。他們很懂得如何運用金錢來達到自己的目的，所以，他們很少發生浪費的情形。此外，當他們想要擁有某件東西時，就會有計畫的儲蓄，可以說是相當精明幹練的人。

四、男為知己者鬥士，女為悅己者博愛

(一) O型男子 —— 意志堅定、勇於冒險

O型男子具有鐵血英雄的氣質。表現為富有開拓精神，勇於冒險；有理想，有雄心，有堅定的信念；爭強好鬥，我行我素，剛愎自用；具有頑強的毅力，堅強的意志。

O型男子有不少是抱著某種堅定信念的，屬於理想主義者。有些人表面上看沉默寡言，不露聲色，但心中卻暗暗追求著自己的理想，為自己的信念無聲地奮鬥著。有些人則相反，他們能言善辯，一旦議論起什麼事就顯得異常興奮，興致勃勃，好像從這種侃侃而談中找到了生命的全部樂趣。

第一章　O型性格全解析

O型男子好惡鮮明，只要自己認為是對的，就堅持下去，而且絕不妥協。不願服輸，不肯認錯，這是O型男子的顯著特徵。其實，O型男子的自我反省的心理非常強烈，他們總是不斷地思考著如何訓練自己，如何改造自己。

O型男子對於別人對待自己的態度很敏感，無論是好意還是惡意，他們都能敏銳地分辨出來。他們非常渴望自己能夠贏得別人的關注，正因為是這樣，他們喜歡做一些別出心裁，引人注目的舉動，使自己顯得與眾不同。

(二) 解密O型男子八項密碼

基本個性

O型男子具有旺盛的精力，勇於開拓進取。對於有目的的事物，不喜歡摻雜思想、感情及宗教，最大的特徵是不斷地提升自我來達成目的。

面相

O型男子給人的第一印象並不壞，對周圍的人都很好。雖然相貌不是特別的英俊瀟灑，但看起來很有人情味。

行為舉止

O型男子乍看之下行動緩慢，但表現得近乎無懈可擊，雖然不像O型女性那麼有活力，但其行動力是表現在內在的，而非輕率型的，故給人值得信賴的印象。

第一節　堅韌不拔的挑戰者—O型人的性格特質

體型

O型男子背部的骨骼較粗,看起來較魁梧,而且給人精力充沛的感覺,雖然有的人是因從小喜愛運動保持身材勻稱,但中年以後大都有發福的傾向。

行動

O型男子目的意識強烈、富有活力。凡事都顯得全神貫注,因此不會迷迷糊糊地過日子,不喜歡偷懶,因其行動力是超乎他人之上的。

流行傾向

O型男子不愛浮華,他較喜歡一般的款式,只要適合自己,其他的並不太考慮。因此流行的款式和他幾乎是無緣。

喜歡的場所

O型男子由於好奇心旺盛,故每個地方都想去。剛開始時抱著很大的期望心理,一旦去過後立刻成為自己的知識寶藏。

因環境而產生的變化

O型男子和O型女子相同,很少被環境所左右。不論孩童時代、成人時代都以其超強的自控力創造出屬於自己的世界。

(三) O型女子 —— 愛惜名譽、母性極強

O型女子大部分長得眉清目秀，表情非常豐富，有著魅力十足的個性美；皮膚顏色稍黑，看起來非常活潑。

O型女子自我意識強，常不顧一切發表自己的意見；很少受環境左右，具有堅強的意志和能力。

O型女子事業心很強，認為名譽遠比金錢重要。

O型女子比較明顯的弱點，是常常給予人草率馬虎的印象，言語多、說話快，公眾場合愛亂插嘴。

O型女子天生具有一種被保護的能力，不僅具有一種母性愛，而且有嬌媚的天賦，天真無邪。

O型女子重視個人興趣，樂於與人聚會，經常會為家庭或工作的選擇頭痛。雖然她們很難做個完全的家庭主婦，但是一旦走入家庭後，也會努力把家事做好。

O型女子對家庭很有奉獻精神，對子女的管教細心嚴格，不會嬌慣孩子，能夠在孩子的童年就籌劃孩子未來的藍圖。

(四) 解密O型女子八項密碼

基本個性

O型女子的自我意識強烈，即使身邊的人都反對，也會不顧一切地發表自己的意見，看來是個非常自立的時代女性，能對身邊的一切現象提出自己的觀點。

第一節　堅韌不拔的挑戰者—O型人的性格特質

面相

O型女子大都長得眉清目秀，整個臉給人深刻的印象。表情順應著感情的變化而顯得非常豐富，是個魅力十足的個性派美人，膚色稍黑，看起來非常活潑。

行為舉止

O型女子行動很迅速、性格很爽快。由於個性強，因此在行為舉止各方面都表現出獨特的作風。

體型

O型女子有些粗枝大葉，看起來年輕而優美，這種人不容易發福，但由於骨骼較粗，故也顯得較結實。

流行傾向

O型女子的特徵是不喜歡全盤的女性化，比較喜歡有個性的款式，不想因為外界的影響而隨波逐流，只憑自己的喜好來穿衣服，非常重視個性。

行動

O型女子凡事以行動為先，因此富有活躍的行動力，而且做起事來乾淨俐落。善於藉他人的幫助來完成工作，所以領導能力是不可忽視的。由於O型女子缺乏耐心，所以不喜歡慢吞吞的做事方法。

第一章　O型性格全解析

喜歡的場所

O型女子最喜歡人潮洶湧的熱鬧地方，一有廟會或遊行時，一定無法乖乖地待在家裡，這是O型女子的天生性格。所以諸如運動場所或餐廳等熱鬧處，都是她喜歡的去處。

因環境而產生的變化

和其他A、B、AB型人相比較，O型人較少被環境所左右，無論處在何種情況下，都能創造出屬於自己的天地，不會被逆境擊倒，具有堅強的意志和能力。

五、成功路 ── 拚毅力

O型人具有天生的堅強意志，在運氣、毅力和努力方面是不輸給任何其他血型的，這是做任何事情成功的條件。

的確，一個理想能否快點實現，「運氣」發揮了重要作用。但好運是靠毅力喚來的。而毅力又產生於不貪近利、埋頭苦幹的精神之中。哪怕是失敗、再失敗，也不氣餒，不鬆懈，只是堅持下去。把失敗的經驗內化，使自己的意志更加堅強。

O型人都是充滿自信、敢做敢為的行動派，原本就不那麼怕碰釘子，他們應該發揚這一優點，累積各式各樣的經驗。跌倒了，再爬起來，繼續前進。只能這樣，也必須這樣。

另外，自以為有眼光、不會出錯的人，應該謹慎些，因為不知何時也許就要碰釘子了。對自己充滿自信，這當然是個優點，可有時又是一個很大的缺點。這話可算作 O 型人應記住的一句格言吧！

O 型人是浪漫主義者，他們勇於想不可能的事，勇於執著地追求自己的理想，他們是富有開拓精神的人。可是 O 型人往往熱衷於自己的夢想，對所處的環境、地位思慮不周。如今是團隊化、合作化程度很高的社會，對於群體中工作不協調、擾亂秩序者，人們是大加排斥的。而 O 型人的活動力，又不時使他自己引人注目地冒出頭來，這樣就難免惹得別人暗中掣肘，並使自己的活動力受到壓制。

O 型人做事情從大局出發，高瞻遠矚，這是極必要的。但同時也不能放棄類似以地面上的小蟲子為視角的觀察事物的方法。因為事物是多面的，也是複雜的。所以要從各個角度來考察一番，不能只是埋頭苦幹。有時，觀察、等待而不動手，不一定就沒有收穫。

總之，活動力要得以充分施展，一要適時，二要與環境協調。否則，就會像漲潮時出航，只會讓乘客和水手送命。

O 型人頭腦冷靜、富於理智、能夠控制自己的感情，我們前面說過，O 型人應注意適應社會、拿捏好分寸，這種負擔也不輕。長此以往，就會導致本能需求不足、精神疲憊、

心力交瘁。做工作想一氣呵成，這固然很好，但也要注意「欲速則不達」，不要急於求成，把自己搞得太緊張。要學會休息，聽聽音樂，釣釣魚，或是去遠足，參加一些放鬆神經的活動。即使不去釣魚或遠足，也要抽時間休息，做到有勞有逸。

達人指點

性格雲霄飛車

O型人是活躍分子，很善於宣傳自己的主張，能說得頭頭是道。若是談生意、做行銷，一定是很合適的。可他們又有個缺點，不善於聽取別人的意見。要知道，一個好的談話者首先應是個好的傾聽者。只要言辭文雅，態度謙遜，並能理解對方，則不必有巧妙的應酬、漂亮的奉承，便可以使對方接受自己的主張。

【給O型人的叮嚀】

O型人要說服別人，不僅要講自己的道理，還要講對方的道理，對對方的觀點和建議要表示認可和接受，再穿插著把自己的想法逐步說出來，尊重和體諒對方，那對方也會尊重和體諒你。

第一節 堅韌不拔的挑戰者─O型人的性格特質

當O型人碰釘子的時候,就要坐下來,看看自己是否缺乏周到、謙虛和同情心,是否忘記了奉獻精神和注意保持與他人的協調,只是顧著向別人發號施令。要知道,若是得不到大家的支持,那就只能在自己的計畫上打轉了。

O型人身為主管時,要注意克服自己傲慢的缺點。

O型人要與大家相協調、人際關係保持和諧,該說的就要說,該迴避的就要迴避,上下進退皆有分寸。

第二節
甜蜜與占有並存
── O 型人的愛情觀

一、愛情棒棒糖，穩定的依靠

O 型人的恬靜愛是以注重現實為基礎的。

它的基調是：男性一般表現為希望女方依附於自己的保護愛；女性則希望嫁一個強而有力的男人，表現為「大樹底下好乘涼」的依附愛。這種愛也可能發展為占有愛，因此，他(她)們希望找到聰明能幹的對象。不知不覺地計算著要找一個有一技之長有經濟基礎的男子，或者可靠的女性。

有的 O 型人追求浪漫主義的愛情，陶醉於頻繁傳訊的情話，細語綿綿，以至於忘卻了自己這個 O 型人是注重現實的。所以一旦要辦婚事，或進入婚後共同生活階段，看到了一些出乎意外的面向，便六神無主了。

O 型人愛情的另一個特點是，過分地相信自己的眼光，總認為自己選定的對象是無可挑剔的。所以，一般不為他人勸說所動。

反過來，別人提醒他注意，只要是關於男女感情的問題，總會表現得很盲目。

二、愛情接力棒，交接對上號

(一) O型人的戀愛奇緣

O型男子容易喜歡上的女子

1. 自信獨立的女子，最好是工作能力強又能很好地兼顧家庭的。O型男子對愛人的要求本來就很全面，而且他們的自我保護觀念很強，他不需要妳總是很溫情地去照顧他，但卻希望妳在他需要的時候支持他。如果一個女生只有一個方面很突出，而在另一個方面卻很弱，他在選擇的時候就沒那麼痛快了。

2. 長相美麗，家庭條件好的女子。O型男子對另一半進行選擇時，容易對各項條件上趨近完美的女子一見鍾情。所以如果一個女子能夠擁有很好的外形和家庭條件，那麼她會很容易贏得O型男子的喜歡。因為O型人對美女，向來就有優先意識。

3. 說話處事大方得體，氣質好，善於溝通的女子。O型人的感情需要培養，並且在實際中進行考驗。如果一個女子的氣質好，又能夠容忍O型男子的挑剔，並且在心思上善於

溝通斡旋，那麼 O 型男子感情的天平就會向她傾斜。如果對方的嘴巴甜又靈巧的話，那就更容易贏得他的心。

O 型女子容易喜歡上的男子

1. 長相帥氣，有一定事業基礎和經濟能力的男子。男子的帥氣和實力對 O 型女子是有很大吸引力的。

2. 樂觀積極，事業心強，並且能夠帶動女朋友的男子。假如一個男子的抗壓性很好，肯為事業打拚，並且能夠利用自己的能力激發女朋友的話，O 型女子也會很喜歡他。當然，家裡最好別太貧窮。

3. 能夠在現實中把一切都做好，講究方法，並且不拖累任何人的男子。O 型女子是不喜歡依賴的，如果男朋友這也要求她，那也麻煩她，她就會認為男朋友很沒能力，甚至會瞧不起他。所以男生在追求 O 型女子的時候，千萬要保持獨立自信的姿態，並且服務周到，不要事事都要求對方，這樣她就很可能會喜歡上你。

（二）O 型人他她戀

O 型男子 —— 濃醇美酒型

超行動派的 O 型男子，連談起戀愛來也是超熱情！從他嘴裡常可以聽到：「在這個世界上，最愛妳的只有我一人

第二節　甜蜜與占有並存—O型人的愛情觀

了！」或是「請妳成為我的人吧！」這類如此大膽、直接、令人臉紅心跳的告白。而這一招也非常的管用，很多女人就是這樣被打動的。

O型男子對家庭非常地憧憬，保護女性的意識也非常地強。他會經常將未來的規劃和幻想掛在嘴邊，不停地對妳說：「妳可以為我生一個孩子嗎？」或是：「妳可以每天為我做飯嗎？」雖然還沒結婚，他就以一副丈夫的姿態在對妳說話。聽到這些話，身為女友的妳也不一定要認真地考慮到底要不要嫁給他。

因為這一切只是他的浪漫基因在作祟罷了，妳只要配合他，跟著說出：「好啊！小孩的名字我已經想好了！」或是：「你喜歡吃什麼菜呢？」這樣他就非常開心了，因為熱得快冷得也快的O型男子，常會忘了自己曾經說過的話。

O型女子── 浪漫衝動型

如果一個男生長得帥，有事業心，經濟條件也不錯的話，他就會吸引一些O型女子的注意。如果他的財富完全是靠自己打拚而來，並且能夠對O型女子主動一些的話，成功率會很高。

O型女子本質上喜歡浪漫的愛情，大有為了愛情可以交付一切的衝動。明明不喜歡追求自己的男子，但是看到男子

花樣翻新的追求方式，卻也忍不住想繼續下去。

O型女子很自信，而且也很聰明，總是能在關鍵時刻掌握住自己的愛情方向。

三、愛要棒棒，看準方向

O型男子要樹立一定的權威

O型男子具有較強的家長作風傾向，當O型男子的家長地位不能確立時，可能產生不軌行為，並可由此導致家庭和愛情的危機。

O型男子比較念舊，行動上有一定的保守，但思想上頗為活躍，往往希望自己的行為受到異性的注意，這也是其男權觀念在作祟。

當O型男子的不軌屬於其他原因時，從其本身意願出發，往往還不致於使愛情或家庭破裂。因此，經常徵求O型男子的意見，儘管妳最後可能沒採納，但對妳來說可謂對加深雙方的感情增加了一份重量級的籌碼。

O型女子母性本能很強

O型女子會任由自己的男友或丈夫盡情撒嬌。做一些照顧他日常生活的事，完全地奉獻自己。她會很盡責，切身地體會到對方的重要性，試著從各個方面幫助自己的男友或丈

夫，看到對方取得成功可能比自己的成就還要開心。

O型女子要記住一點，過度的驕縱可能會寵壞了他，要想穩定地發展，就要採取糖果和鞭子的策略，必要的時候，拿出「家長」的威風，治一治他的囂張氣焰。

討好O型戀愛男女

絕對不可在O型戀人面前對其他異性獻殷勤或示好，想對誰都討好，勢必會得罪O型戀人。

兩人間私密性的對談若透過第三者傳達，則必定會使O型人惱怒。對待O型男友可別得理不饒人，想指責他，就要先幫他找好下來的臺階。

O型人最忌別人頤指氣使，用這種方式想要他俯首稱臣難上加難。

妙計：命令O型戀人，不如協商或懇請。絕對禁止言談間有貶低對方的口吻。直言指摘O型戀人，可能會惹得對方不高興。對於沒有良好氣氛和心理準備的性行為絕對要避免。

與O型人交往的小祕密

結識：對陌生人有警戒心，所以最好透過朋友介紹結識對方。

交往：愛護及關懷對方是打動O型女性的最佳方法，當

她感受到你的愛意就會熱情起來。

親熱：日久生情，不要在初相識不久就想與對方親熱。

愛情：一旦投入感情就不會動搖，重視感情。

性愛：行為思想較為保守，但是性愛則非常大膽，有需要就會提出要求。

情話：「我好心煩呀！」在O型人心煩時，千萬別打擾他。

四、如果愛，占有愛

O型人具有的愛情特徵 —— 占有

O型人想到什麼就做什麼，完全無視於對方的感受如何，所以常常逼走對方。但是O型人忘記得也很快，是個嘮叨多事的類型，說白了就是太囉嗦。

O型人戀愛時很希望對方把一天的事情都和自己聊聊，以便掌握伴侶的情況。如果伴侶不想說，O型人就會拐彎抹角的打聽，直到確定沒有什麼特殊情況才罷休。

O型人在戀愛時的心眼很小，經常莫名其妙地醋意大發。對這種情況，伴侶應該多和O型人溝通，增加和他在一起的時間，等到雙方的關係確定了之後，O型人就不會這個樣子了。O型人喜歡近距離接觸，無論生多大的氣，即使拉拉手這樣的小動作，都可以緩解O型人的憤怒。

第二節　甜蜜與占有並存—O型人的愛情觀

O型人對愛情的防衛能力很強烈，第六感也很準確，對愛情有強烈的責任感，體貼入微，絕對是個可以信賴的伴侶。

愛情妙計

如果發覺自己錯了，要懂得低頭，和對方主動和解，一改以前的作風，變得很溫柔體貼。另外，要勤於肌膚接觸。對於O型人來說，相互接觸比說理更能讓他感覺到你是不可或缺的。

自尊心強的O型人

O型人普遍具有較強的權威傾向，當O型人的主導地位不能確立時，可能產生婚外情行為，並可由此導致家庭的危機。

此外，如果夫婦性生活不夠協調，或O型人對此不滿足時，也可能出現婚外情。

捍衛愛情對策

O型人應在日常生活中採取積極協調、配合的態度，以使夫婦生活更為和諧、協調。經常交流，多增加雙方之間的肢體語言是個不錯的辦法。

O型人絕對不會原諒對方出軌，所以和O型人交往的異性可要有所覺悟！

第一章　O型性格全解析

五、愛情棒棒，磁力吸

O型人生命力充沛，性格外向活潑。有很強的炫耀自己的欲望，在群體中如果不能引人注目就無法忍受。有領導能力和很強的工作拓展能力，許多人能在商界獲得成功。在戀愛方面也非常熱情

O1型（父親A型＋母親A型）性格
——謙虛安靜的O型

O型人原本是大膽、積極、有魄力的類型。但O1型由於在性格安靜的A型父母的身邊長大，所以相對於O型人特有的活力四射的特點，更多地表現出A型人沉靜的氣質。相對於冒險，O1型更願意選擇安全和可靠的途徑，相對於成為領袖，更傾向於重視群體內部的團結和融洽，這些都是A型人的特點。但O1型畢竟是O型，自然也會具備O型的特點。潛在的O型特點會在確定某個目標之後得以顯現。這時，O1型會表現出爭強好勝的一面，希望擊退競爭對手，獲得成功。屬於典型的外柔內剛的人。

戀愛是在愛情中計較得失的現實派。一旦陷入愛情便完全衝昏頭腦的熱情派正是指O型人而言。但是深深地扎根於現實的A型父母總會向O1型強調必須作出慎重、安全的選擇。這使O1型成為在實際戀愛前計較得失的現實主義者。O1型面對戀愛異常冷靜，會對對方的前途、經濟能力

第二節　甜蜜與占有並存─O型人的愛情觀

等一一進行分析，如果不能達到標準，就會停止交往。正因為如此，基本上沒有經歷過失敗的戀愛。此外，由於A型父母在道德方面嚴厲，所以較之同齡人，戀愛經驗偏少。建議O1型離開父母的庇蔭，開始有冒險性的生活，體驗純真的愛情。最適合O1型的伴侶是誠實的A1型、AB3型，從前途和經濟條件來看可以選擇O9型。

O2型（父親A型＋母親B型）性格
──善於思考，個性開朗，有明星氣質

O型人原本就是以樂於助人著稱的人。O2型的父親和母親具有截然相反的氣質，所以在教育的過程中難免出現教育方針或生活原則方面的衝突。自幼在這種環境中長大的O2型為了同時滿足有些水火不容的父母雙方的要求，變得非常早熟。在人際關係中受到個性獨特的母親的影響，善於社交，在群體中總是充當照顧弱者的勇敢者的角色，很受好評。但是，也會因為受到母親的影響表現出反覆無常、隨心所欲的傾向，使自己的可靠度打上折扣。自我控制是O2型最大的課題。

戀愛最厭倦黏黏糊糊的關係。O2型自幼起便不完全依賴父母，而是和他們保留一點點距離，所以有著不輕易相信他人的傾向。在戀愛方面比較冷靜。對於輕易將自己看成「自己人」而橫加束縛的愛情非常反感，隨著戀愛的深入，越容

第一章　O型性格全解析

易出現奇怪的念頭。O2型無論是對戀愛還是工作都從興趣出發，所以能夠體驗人生豐富的層面，但如果不真心地投入，只是一味地尋找新的對象，很難成功地步入婚姻。所以O2型有必要找回O型人原有的熱情。如果與B12型和AB5型交往，可以體驗真實且富有激情的愛情。與年長的A12型也會融洽地相處。

O3型（父親A型＋母親O型）性格
—— 充滿激情的典型O型

有很強的目標意識、大膽、熱情等都是O型人的典型特點。O3型受母親的影響較多，所以原原本本地保留著O型人的氣質。確信自己的能力，充滿自信，勇於向遠大的夢想進行挑戰。由於性格坦率，個性樂觀，喜歡玩樂，很容易和朋友們打成一片，具有指揮眾人的領導能力。O3型還充滿了正義感，一旦看到弱者受到傷害或有人犯錯，就會忍無可忍地跳出來，所以容易樹敵。可是O3型不會介意這些，會義無反顧地走自己的路。

戀愛是積極地求愛，熱情四射。對大多熱情的O型人而言，愛情就是宿命。一旦陷入愛情，就可以將自己的一切毫無保留地獻給對方。但是，由於O3型在成長過程中時常看到性格積極的母親領導性格安靜的父親，對女方表露積極態度沒有任何抗拒心理。O3型很有一套辦法，能使男性與自己

保持一致的步調,結婚後也將自己的事情擺在第一位。最適合 O3 型的伴侶是極有熱情又親切溫和的 A3 型、B6 型異性。

O4 型（父親 B 型＋母親 A 型）性格
—— 性格溫柔親切

在溫文爾雅的 A 型母親、只熱衷於自己的事情的 B 型父親身邊長大的 O4 型更多地受到母親的影響。因為,與父親對話的機會非常少。O4 型和母親就像同卵雙胞胎一樣,無論是性格還是氣質都很相似。在熱情四射的 O 型之中,像 O4 型這樣親切溫和的人是相當少見的。由於在性格截然相反、時常劍拔弩張的父母的膝下長大,O4 型自小就善於觀察父母的臉色。在人際交往中,顯得非常溫和,但由於一味地迎合對方的情緒,會時常感到疲倦。竭力避免與朋友交往就是出於這個原因。

戀愛 —— 痴迷的愛。重視家庭的 A 型母親時常對只顧工作和興趣的 B 型父親產生不滿,所以會將這種不滿悉數向女兒傾訴。因此 O4 型會尋找值得傾注所有的愛的對象,找到後就會將滿腔的熱情獻給對方,希望獲得同樣深厚的愛。這就是與憧憬轟轟烈烈的戀愛和絢爛多姿的社交生活的多數 O 型人的區別。但在含情脈脈的同時,O4 型也有著果斷的一面,如果對方誠意不足,就會立刻斷絕關係。O4 型有著很強的建立穩定的幸福家庭的渴望,認為愛情與婚姻有著必然的連繫。最適合戀愛和走入婚姻的對象是 A12 型。

O5型（父親B型＋母親B型）性格
——人際關係廣泛、引人注目的類型

受到B型父母的影響，O5型總是表現出高姿態和很強的自我炫耀的欲望。最不願被埋沒在平凡的人群中，熱切渴望成為萬眾矚目的人物。熱衷於舉辦派對，在娛樂活動中一馬當先的人通常屬於O5型。即便是只有兩個人，O5型也會充當逗對方開懷大笑的角色，所以在朋友之中非常有人氣。爽朗大氣，和任何人都能輕易地成為朋友。只是，很容易衝動，有時會因為意想不到地闖禍或者舉止失常，使自己的威信大打折扣。O5型經常不遵守時間和約定。有時，雖然本人毫無惡意，但卻會使對方情緒受影響，使好朋友變成陌路人。O5型需要變得更加慎重和沉穩。

戀愛會累積豐富的戀愛經驗。O5型認為人生就應當享受。B型父母對子女通常顯得很寬容，不多加干涉，再加上O型原本就很積極，所以O5型自然能充分發揮花花公子（女郎）的氣質。O5型女子忠實於自己的感情，但這種感情時刻都在變化，因此戀愛的對象也像走馬燈一樣換個不停。而且，O5型女子還能遊刃有餘地同時與數名男性談戀愛，手腕超群。有時也會談一場超越常規或與多數觀念相衝突的戀愛，使人們跌破眼鏡。但是接二連三的戀愛未必能成就完美的愛情。其實，越是只重視戀愛的氣氛而非實質，離真摯的愛情體驗就越遙遠。最適合O5型的伴侶是具有陽剛魅力的O3型。

第二節　甜蜜與占有並存—O型人的愛情觀

O6型（父親B型＋母親O型）性格
── 受同事們尊重的兄姊型

O型母親有很強的母性，個性開朗，總是指揮自我意識較差的B型父親。O6型受到母親的影響，不僅有很強的生活自理能力，而且如果看到周圍有人陷入困境，就不忍袖手旁觀，必須伸出援助之手才感到心安。自幼起便像哥哥或姐姐一樣對朋友提出忠告，或者充當答疑解惑者的角色。O6型熱愛交友，無論是男還是女，性格開朗，很有包容力。雖然屬於O型人，但由於在思想開放的父母身邊長大，所以缺乏對他人的戒備心。有可能被自己所深信不疑的人所欺騙，或被惡人所利用。在借錢給他人或當保人時一定要慎重。

戀愛信奉友情第一，愛情第二。心地善良和可靠是O6型的優點，但必須時刻記住戀愛不是和眾人熱鬧地進行的，只需要自己和心愛的人在場。如果讓戀人和其他的朋友占據同樣的比重，對方大有可能失望地離開。O6型很可能在對朋友產生戀情之後，因為唯恐表白會傷害友情，愚蠢地選擇放棄愛情而選擇友情。但不要對自己失望。O6型的成熟隨著年齡的增長會日漸受到異性的認可。對男性進行鼓勵、幫助其實現目標的堅強的女性形象會使男性產生信賴感。最適合與個性強烈的B4型、B11型相處。

O7型（父親O型＋母親A型）性格
──真摯坦率型

如果性格可靠、具有開拓精神的O型人和堅持一個道理的A型人相遇，會是怎樣呢？兩種血型揉合在一起，會使真摯坦率的O型人的氣質更為突出。O7型對任何事都是全力以赴，而且厭惡偽善，所以只要是O7型出馬，就會有許多人認為可以毫不隱瞞，主動要求進行交流。當然O7型也總是欣然允命。僅憑這一點，就可以看出O7型具有優秀的領導能力。但是O7型有時會固執己見，一步都不願退讓，導致人際關係出現尷尬，或者在職場或婚姻中犯下決定性的錯誤。O7型需要增加一點靈活性，一旦覺得「呀，我錯了！」就應當毫不猶豫地扭轉方向。

O7型女子喜歡有父親感覺的異性。由於在嚴厲的A型母親和包容撒嬌的O型父親的身邊長大，父女關係自然比母女關係親近得多。成年後也會將父親作為尋找異性的理想的典範。O7型女子希望對方是能夠像父親對待女兒一樣理解自己的行動和想法並予以支持的男性。很自然地，相對於同齡人會更青睞年長者。在學校唸書時會仰慕老師，在職場則會對精明的上司產生戀情。O7型很有可能與有婦之夫陷得很深，需要特別的注意。如果不計較年齡，尋找善解人意且善良溫柔的男性交往，戀愛基本上可以獲得成功。最適合O7型的伴侶是A3型、O3型。

第二節　甜蜜與占有並存—O型人的愛情觀

O8型（父親O型＋母親B型）性格
── 有旺盛的好奇心，性格坦率

在個性開放且善於社交的B型母親的影響下，O8型和O型人原本就有的坦誠而爽朗的性格非常吻合，使O型人的特點得到了強化。由於心胸坦蕩，通常看到什麼想到什麼就會毫無顧忌地說出來，所以時常因此遭到誤解，但本人卻毫不在意，會厚著臉皮當作什麼都沒有發生，心胸之寬廣由此可見一斑。正是因為這種坦率和沒有城府，總能得到人們的信任。O型人旺盛的好奇心和B型母親給予的熱情的性格和廣泛的興趣揉和在一起，會使不斷尋找新事物的冒險精神更為突出。O8型如果對目前的職業不滿意，可以尋找副業進行消遣，或在下班後透過各類興趣活動發揮自己的才能。O8型很有在小說、攝影等領域獲獎、得到認可的潛質。

戀愛會全心全意地愛著對方。O8型女子性格爽朗坦率，不會因為對方是男性而有所改變。對待他，就像對待自己的閨中密友一樣，感覺輕鬆，毫無顧慮。但是，這就是O8型女子的弱點。因為如此一來，男性也不認為O8型是帶著神祕的異性，只是將她當成普通的朋友而已。然而關係有所進展之後，O8型的真面目會逐漸顯露出來。由於受到B型母親的影響，內心深處掩藏著愛的激情，所以一旦關係深入，就會爆發出令對方無比感動的熱情。與其長久地保持朋友關

係，不如為盡快地發展戀愛關係而努力，這就是O8型的課題。如果與B7型、O5型相遇，會展開惺惺相惜的戀情。

O9型（父親O型＋母親O型）性格
—— 有很強的拓展能力和爭強好勝的欲望

O9型的父母都是O型人，所以自小就被O型人的氣質所薰陶，自然原原本本地表現出O型人的優點和缺點。O9型的優點是有活力、具有立刻將想法轉為實踐的拓展能力。強烈的爭強好勝的慾望在工作中也會發揮積極的作用。從讀書的時候起，一直到步入社會之後，O9型一直夢想著成為最好的，具有面對任何逆境都不屈服的堅強。但是這些優點在某些時候卻會轉化為弱點。由於積極性很高，過於爭強好勝，容易使異性產生反感，成為極力迴避的對象。另外，由於缺乏理清思緒、按照步驟逐步實現目標的能力，容易引起周圍人的反對。

戀愛中歷盡艱難也要成就愛情。爭強好勝的心理在戀愛關係中也會有所發揮。O9型會不顧周圍的狀況如何，以及對方的立場如何，完全地投入到自己的感情之中。即便對方已經有了戀人也會不顧一切地向前衝，使對方成為自己的人，這一點會使周圍的人產生排斥心理。O9型的這種不顧一切的熱情還有可能使他人變得不幸。O9型對性有很強的好奇心，有小小年紀偷吃禁果或婚前懷孕的危險。如果沒有關於責任

的承諾,一定要對性關係保持謹慎態度。對 O9 型而言,分散對戀人的關心,營造在日常生活中進行約會的自然氣氛,讓過熱的戀愛心理降降溫,也是很好的辦法。

達人指點

愛情雙軌車

O 型人透露的愛情施愛要訣

O 型人小時候喜歡撒嬌,長大之後逐漸表現出自作主張。強調己見,為人明朗,做事認真而飄逸。擁有溫暖的人情味,言辭行動都很正直,是令人喜愛的大哥哥大姐姐型。唯過於單純,對人的善惡稍有敏感之嫌。

O 型男人喜愛婀娜多姿、有女人味道的女人,反之,O 型女人喜歡孔武有力、有男子氣概的男人;只要主動地說「喜歡你,愛你」,O 型人就無法招架。O 型人既浪漫又有強烈的現實性格。

一些精心設計的小禮物可以增加魅力,比如價格不高的禮品及電話簡訊的交往是 O 型人最喜愛的。不要想辦法說服 O 型人,你會發現,越是想控制對方,他就會離你越遠,對他切勿找藉口強辯。

第三節
公平交換的社交法則
── O型人的人際關係

一、人際交往，好牌為對方出

O型人對人際交往的基本態度是強烈的同伴感，經常有需求同伴的意識，並希望彼此能夠信賴。因此，對於親朋好友和同事等和他有交往的人，他都能用一種長者的風度照顧這些人，而且能敞開胸懷與人推心置腹地交談。這些都是O型人具有的特點。

對自己親密的人可以推心置腹。相反，對於他不了解或陌生的人，卻有很大的戒心，而變成一個不容疏忽的閉鎖性的O型人。對於他認為與他不是很親近的人，他會裝出一副不關心的樣子，甚至一問三不知。

O型人與人的交往上有兩個極端。而這兩種極端性對O型人來說，也是有好有壞的。好的一面是，只要曾和他們有過很好的關係，他就會對對方表現得很有涵養，而且有很強的信賴關係和不容破壞的家族愛、同伴愛。而壞的一面是由

第三節　公平交換的社交法則─O型人的人際關係

於同伴意識很強,對不是他同伴的人持有異常的戒心,因此他的交際範圍只局限在同伴之間。

另外,一旦對O型人很親近,他就會無所顧忌地把自己所喜歡的事物和他自己認為對的事物,通通呈現給朋友,硬要別人和他一樣去接受。這種狀況如果超過了一定界線,就會招致別人的反感,使人際關係受到影響。

O型人這種強迫他人與之同步的思想傾向,有時也會表現在言語之中。對於O型人說話的語調,如果聽的人不去幫腔,他也會通通把自己的話說出來。因為O型人總是認為只要把自己所想的說出來就會沒事了。

總之,要與O型人交往,彼此要坦誠相見。要忌諱的是那種八面玲瓏的態度和凡事都愛講道理的強辯作風。而且,O型人在與人相處時會經常有把話說過頭或不當的情緒表現。所以要隨時保持準確的判斷眼光,不要被表面所左右。

二、交往心態 ── 自我＋幻想

O型人多屬浪漫和追求理想的類型,對利害得失計算得極為精細,同時也是注重現實的類型。O型人對受制於人極為反感,對權威、權力多採取反對意見;但他們對力量的對比、差異具有敏銳的意識,並且極其尊重這種差別。

O型人對人際交往投入太多的感情,同時也抱著一些對

第一章　O型性格全解析

友誼美好前景的幻想。一般來說，O型人意志堅定，勤奮努力，支配欲強。然而O型人在氣質上的自卑意識和強烈的自我肯定的要求，往往不慎導致對人的態度易變得冷淡，逐漸走向極端個人主義。

O型人具有結交朋友、參與團體的願望，但同時又具有頑強的個性和自我主張，而這兩種傾向在團體中難以達到統一。O型人有強烈的生存欲望和自我保護的意識，但他們又具有為了團體的利益而自我犧牲的精神。

O型人為了隱藏或克服自卑意識，故意採取一種強大的姿態。長期虛張聲勢故作強大，固然能擺脫自卑意識，然而，這種作法對O型人造成沉重的負擔，一些在心理上承受不住壓力的O型人，會表現出「生活白痴」的形象，在生活中扮演快活的小丑角色。

O型人面對社會矛盾、與他人的摩擦和工作中的困難，極不善於透過心理上的忽略和妥協的辦法去解決，而是極力想掩飾自己的煩惱，偷偷地努力，緘口不語，將祕密藏在心底。

三、人際異常表現 —— 獨斷專行

如果O型人聽不進別人的意見、不講奉獻精神、獨斷專行，這就是使O型人有自信、敢想敢做的優點走向了極端，而變成缺點了。這樣就會失去成功的機會。

第三節　公平交換的社交法則—O型人的人際關係

要想做到左右逢源，O型人還是有許多先天優勢的。

要具有真摯的同情心，要使自己與同事之間保持和諧融洽的氣氛。O型人不乏才幹，只要與周圍的人們和睦相處，一定可以得到大家的擁護，其優勢會更突出，其長處會更發展。O型血型給人的最強烈的感覺就在於他們濃厚的人情味，這也正是他們的魅力所在。

O型人在確立了自己的目標之後，會竭盡全力、持之以恆地付出努力，直至實現目標，成為該領域的專家，這種頑強的毅力也是O型的魅力之一。

雖然在面對喜歡的事物時，總是摩拳擦掌迫不及待地去嘗試，但對於自認為與己無關的東西卻是充耳不聞、一問三不知，所以偶爾會鬧出笑話。O型還很固執，多數時候會頑固地堅持自己的意見，不接受他人的看法。在進行思考時，具有以現實和日常常識為基準的傾向。

O型的感情相對比較穩定，但只要爆發一次，就會一股腦地全部發洩出來。與A型形成鮮明對比的是，O型的心結不會持續太久，壞心情很快就會煙消雲散。

四、解密牌換牌

O型人有喜歡教訓別人的特性，這種情況在工作中表現得較多，但有時在日常談話中，也經常夾雜著一些教訓人的

第一章　O型性格全解析

口氣。這種作法有時候讓人反感，雖然教訓人絕非出於惡意或別有用心，而是性格所致。如果教訓或者說的話過多，可能會引起對方反感，對自己不利。

O型人有很強的意志，做起事來只要下了決心就會毫不猶豫地去做，無論發展到怎樣的地步，他們也要堅持到底。不管別人說什麼或遇到多麼大的障礙，他們也總是鍥而不捨，始終堅持自己的信念，堅信沒有他們不能做到的事情。

O型人往往不願意別人看到他們的弱點。當他們遇到某些與自己的觀點相悖的事情時，為了掩飾內心的動搖就會裝出不知所云的樣子。有時遭到奚落或嘲弄就發起火來，由此看來，如果O型人在這些方面不能依靠理智進行自我控制，就會不斷陷入這樣的窘境。

O型人熱愛生活，精力旺盛。他們總把生活放在首位，對利害關係能夠冷靜、迅速、準確地做出判斷，果斷地採取相應的措施，富於現實感。

O型人對力量反應敏銳，希望自己獲得力量，反對別人不正當的壟斷和行使權力。他們非常注意自己在群體或社會中的力量強弱，當自己力量較小時，則性格溫順，態度謹慎，設法受寵於強者，以求得保護；而當意識到自己已居於強者地位時，便本性外露，積極表現自己，顯得非常強勢。

因此，O型人要懂得何時張口，何時閉口，才能更好地與人相處。

五、人際交往指南針

O型─A型 輔助彌補

雙方如果是男女同事，容易從友情發展為愛情。O型人易被A型人吸引，但A型人不會對此表示關心，因此彼此也易產生誤會。

面對頗具包容的O型朋友，內向、不善與人交流，想說的話也常常憋在心裡的A型人會很能適應。O型的朋友是個開朗、而且不用很費心就容易接近的人。

直性子的O型人不拘小節，粗枝大葉，而A型人辦事細緻縝密，正可補其不足。反過來，生氣勃勃的O型人又以其執著專注的行動帶領顧慮重重行動過慎的A型人共同前進。無論是一起工作還是共同生活，在相互彌補這一點上，O型人和A型人可以說是最佳匹配了。

當A型人在思想上鑽牛角尖而欲蠻幹時，注重實際的O型也會對其產生控制作用。

「A型─O型」的輔助關係一般都以A型人為輔助者。所以當他們是上下級關係時，若O型人為主，A型人則細緻周全地輔佐第一線的O型人；若A型人居上位，他們一般居

第一章　O型性格全解析

後扶掖，指導，乃至包辦細節，O型人則安心奔走於外。

從表象也能看出，他們彼此誠悅相待。A型人十分欣賞同伴的直爽單純；而O型人特別欽佩對方考慮問題全面周到，辦事嚴謹合理的特性，感到自己的夥伴是可靠的。這樣，O型人的剛愎自用和A型人的固執，因相互好感而抵消，所以他們之間較少發生衝突。

不過，出現以下情況時，「A型—O型」組合有破裂的危險：當A型人長期處於被支配的地位，其思想和行動受到對方蠻橫的遏止，而感到不滿時；當O型人的務實性與A型人的信念發生強烈碰撞時；當A型人的內心不為O型人所理解時；當還不了解對方對自己是否懷有好感時等等，他們破裂的可能性就很大。

O型—B型 積極進取富有實力

雖然以O型人為輔助者，在這一關係中O型人始終積極地策勵對方，為對方指明前進的方向。O型人對B型人無羈的行動和奔放的思想一手策鞭，一手勒韁，使其有效地進行。由於B型之馬就這樣馱著O型人飛馳向前，其行動的引導性也是超群的。

不過將這兩種血型關係比作溜馬不免有點欠妥。我們也可以打這樣的比方：B型人演奏豐富多彩的旋律，O型人輔以節奏，樂曲的進行與音節這一藝術形式完美的結合。順便

第三節　公平交換的社交法則─O型人的人際關係

說一下，法國的一位女士曾經把O、A、B三種血型分別比作旋律、和聲、節奏。在歐美的一部分地區，至今仍有人推崇此說。不過，也有不同的看法。從本質上來看，用節奏比喻O型人，旋律比喻B型人似乎更貼切些。

在思想和能力方面，B型人靈活的頭腦可以緩衝O型人的概念化，甚至有點故步自封的思考方式。在人際關係方面則是顯得神經質的O型人則可彌補不拘形式與習慣、大大咧咧的B型人的不足。

總之，無論是在工作上還是生活上「B型─O型」是一對一致向外，積極進取，富有實力的蓬勃發展型的搭檔。O型人主事，顯得穩健；B型人為首，略帶冒進傾向。

「B型─O型」雖比「A型─O型」平淡，但是相互間的印象並不壞。B型人雖然感到O型人那富有現實精神的踏實作風是可靠的，但心中有點不服。O型人愛好具有個性的事物，所以B型人的不羈言行對他們也有一定的魅力。

不過，如果O型人把韁繩勒得過緊，讓B型人有被束縛之感，特別是O型人看透了B型人在現實中太缺乏生命力時，這時關係也會分離。

O型─AB型 忍耐不長久

AB型人總是笑臉迎人，想和每一個人好好相處。但是和這種人相處，難免會有眼中所見和真實情況不同的憂慮。

第一章　O型性格全解析

AB型人與O型人即使組成了美好的關係，也無法維持長久的情誼。原因在於AB型人無法忍受O型人的忍耐性。

O型人在與AB型人接觸時，第一印象通常很好，並積極地想和AB型人接近，特別是一些令O型人十分困擾的事情，到了AB型人手上，往往能迎刃而解，令O型人感到十分神奇。如果O型人按著自己的意願指揮AB型人行動，無論AB型人怎麼努力，也不能如O型人所希望的樣子得到結果。

為了完成彼此的協議和義務，AB型人經常踰越O型人的思考範圍，我行我素，無視於應該居於中心位置的O型人的存在，結果O型人因受到傷害而十分憤怒。而偏偏AB型的人又經常有金錢上的壓力，所以AB型人在與O型人相處的時候，AB型人會不自覺地占了O型人的便宜。導致O型人在雙方關係緊張的時候，成為分開的導火線。不論在什麼情況下，AB型人都應留意O型人的心情狀況，採用適當的方法和方式。

O型─O型 自我為中心

都是以自我為中心的O型夥伴。相互之間都很坦率，不會隱瞞，所以也會經常意見不合。雙方會莫名其妙地看不順眼，想要爭風頭。

O型人的自我表現欲很強。如果表現得當就會使自己更

第三節　公平交換的社交法則—O型人的人際關係

顯著地發揮個性,而走向成功之路;但是一旦錯走一步,反而會使人感到O型人只知一味表現自己,而令人生厭。

如果給對方「怎麼這麼霸氣,不講道理」的感覺,就必須改變方式,想占得優勢,嘗試一下「示弱」未嘗不可。最迅速簡便的方法就是誇獎對方,讓對方自覺處處比你強得多。因為平常都是互相稱雄的,所以這麼做會給他相當大的震撼力。他會覺得徹底戰勝你了,可以以勝利者的姿態幫助你這個小弟或小妹了。然後應該就會一改以前的作風,變得很好合作。

O型人只需讓對方覺得「你是個有包容性的O型人」。這樣,O型人之間在交往時會使事情完全朝你希望地那樣發展。適當地放棄自我為中心的準則,可以增進彼此之間的合作和互助。

達人指點

人際交往碰碰車

O型人的社交藝術

很多O型人在進行社會交往時,都表現出了極強的戒備心理。他們很忌諱那種追根究底、愛打聽事情的人,如果對方只一個勁地嘮叨自己的主張如何正確,只是想把自己的想法強加於O型人,那只會引起O型人的反感。

第一章　O型性格全解析

　　然而，O型人要想愉快的和對方交往，得到對方的贊同，確立自己的人際交往圈子，也只有從放鬆戒備心理開始，並且要抱著承認對方的想法有道理的態度來進行談話。控制以「自我為中心」的念頭，目的性不要太強，放鬆心情，多一些寬容，不要打斷對方的話，以使自己能從對方的談話中吸收有益的東西。談話中，可以穿插著把自己的想法逐步說出來，每次談一點，避免強加於人的談話方式，就容易被對方接受。

　　如果O型人能尊重和體諒對方，那對方也會尊重和體諒O型人。總之，只要言辭文雅，態度謙遜，並能理解對方，則不必有巧妙的應酬、漂亮的奉承，就可以使對方接受自己的主張的。

　　O型人在人際交往中有個最不利的表現，就是一旦對交往圈子裡的人做了定調，就會在日常行為上體現出對各類朋友的不同對待方式。對朋友的態度或冷或熱，這樣很容易為自己樹立敵人，但O型人卻不以為然，他們很容易把不愉快的事情忘記。

　　很多O型人礙於面子，不肯主動接受別人的意見，因而會給人留下頑固不講理的印象。其實，接受對方的意見，肯定對方的意見，並不會為O型人帶來不利，相反，會為自己開啟人際交往的大門，從而使自己的社交圈更加寬廣。

第四節
從潛力到成功
── O型人的職場智慧

一、職場鍊金靠潛力

衝勁、自信，競爭性強、成功欲望較強烈，是大家對O型人的公認印象。對於喜歡的事情會很熱忱、想法簡單直接，不喜歡也不善於處理複雜的人際關係（尤其是年輕的O型人），但會為了更好的融入社會強迫自己學習相關技巧。

O型人對待事業都富有幹勁，一旦面對複雜的工作，往往很本能的，把天生的潛力發揮出來，在工作中，O型人會全力以赴，越是處於艱難的狀況，他越會感覺到富有挑戰性，做起來也就更有勁，不會輕易放棄。

O型人很難接受他人的意見，對於別人對他的批評、責難，一點也不在意，不會因此而挫折；一旦認為自己沒錯，就會一心一意為貫徹其信念，而達成目的。

O型人倔強，肯努力，支配欲很強。強烈的自我肯定，這是O型人的心理特性。

第一章　O型性格全解析

O型人具有包容力，每一個人都懷抱著一個理想，O型人也不例外，然而不管是擁有狂想或追求目標，他們都充滿了強烈的成功欲望。

O型人的空間判斷能力強，眼手運動協調能力強，手指靈巧度高，因此在以下這些行業和項目中表現出色。比如：經營企業、經商、政治、外交能力都很強，善於組織並把自己放於該團體的核心地位。年輕時易更換職業，有經驗後善於專攻某一方面。適宜於政治、外交、經營、駕駛、作家、歌星、演員、跳躍項目和棒球運動等。

二、擇業真經

O1型（父親A型＋母親A型）性格
謙虛安靜的O型

雖然能力獲得認可，但缺乏靈活性。誠實的人們所表現出的共同點是不夠靈活，O1型正是如此。但是工作能力和準確程度是有口皆碑的。如果在稅務、法律界、金融界發展，會將才能發揮得淋漓盡致。相對於普通職業，最好選擇需要特定資格的職業。

O2型（父親A型＋母親B型）性格
善於思考，個性開朗，有明星氣質

B型母親不是很重視家庭的類型。在這樣母親的影響

下，O2 型自然而然地接受男女平等地進行較量、共同參與社會活動的模式。適合在沒有性別歧視的職場工作，或利用性格中喜歡照顧他人的特點，投身於服務業。

O3 型（父親 A 型＋母親 O 型）性格
充滿熱情的典型 O 型血型

身為具有包容力的領導者，能夠發揮能力。O3 型擁有遠大的人生理想。相對於婚姻，事業和工作更值得成為人生目標。O3 型具有綜合性的判斷能力和很好的統帥能力，所以距離最高的人生座標不會太遠。O3 型在管理和帶領團隊的方面有非常卓越的才能。一旦覺得國內舞臺太過狹窄，就會果斷地到海外發展。O3 型也有可能成為政治家。

O4 型（父親 B 型＋母親 A 型）性格
性格溫柔親切

事業和家庭並重的類型。O 型人原本就好動，喜歡投入地做某件事。由於受到誠實且仔細的 A 型母親的影響，並繼承了 B 型父親的多才多藝，在任何職場中都能成為受歡迎的人。O4 型具有充分的成為職業白領的資質。由於非常重視家庭，無論從事何種專門職務，會在結婚的同時宣布放棄工作。若從事專門職務，可向系統工程師或建築設計師方向發展。

第一章　O型性格全解析

O5型（父親B型＋母親B型）性格
人際關係廣泛、引人注目的類型

　　適合投身於重視個性的演藝界。O5型具有很強的演藝人員的氣質。這表現在讀書時一到休息時間便使出渾身解數使朋友們開懷大笑的本事上。電視明星、電影演員、喜劇演員、主持人等職業都是O5型可以發展的空間。此外，還可以向慶典禮儀行業或休閒產業發展。如果在某個固定的空間內，從事必須經營小範圍人際關係的職業，就難免引發各類問題，所以應盡量避免。

O6型（父親B型＋母親O型）性格
受同事們尊重的兄姐型

　　發揮凝聚同事的核心作用。O6型有很強的奉獻精神，在護士、保母、教師等職務中會展現出卓越的能力。如果經營餐廳，也會獲得成功。因為O6型溫暖善良的心會吸引眾多老顧客帶著親朋好友一同前來捧場。在職場中同樣遊刃有餘，因為總能傾聽同事的苦惱，積極鼓勵對方，努力保持整體的團結，總會被視為必不可少的人物。

O7型（父親O型＋母親A型）性格
真摯坦率型

　　家庭和事業的比重為6：4。如果希望在事業上有所發展，又想照顧家庭，應該做出怎樣的選擇呢？這對愛鑽牛角

尖的O7型可是個難題，會產生一定的心理壓力。O7型希望自己是職場中備受上司和同事信賴的有能力的職業白領，又很想成為幸福家庭中的棟梁。產生這種想法主要是因為受到珠聯璧合的父母的影響。如果在結婚之前必須要決定是否繼續工作的話，就暫且給家庭6，給事業4吧！兩者都能照顧到，雖然不能盡善盡美，卻是沒有辦法中的辦法。

O8型（父親O型＋母親B型）性格
有旺盛的好奇心，性格坦率

在以男性為中心的職場中會獲得成功。O8型屬於好動、好奇心旺盛的性格，不會因為變化和刺激產生壓力，反倒有享受這些的傾向。如果從事雜誌記者、攝影記者等與新聞媒體相關的行業，能夠發揮自己的才能。在以男性為中心的小群體中適應性極強，相反的，O8型不適合在以女性為中心的職場工作或從事缺少變化的單純反覆的行業。

O9型（父親O型＋母親O型）性格
有很強的拓展能力和爭強好勝的欲望

思維敏捷，可以成為職場的領導者。O型人旺盛的活力一旦和工作連繫起來，就會產生巨大的效果。O型人如果充分發掘成為領袖和事業家的潛質，獨自經營小規模的公司或者店鋪，極有可能獲得成功。在眾人所嚮往的大企業或保守性的公司中，很難有提供O9型充分發揮才能的空間。如果

在職場中能夠更多地照顧到周圍人的情緒,很快就會成為領導者。

三、職場立足 —— 廣建人脈

O型人在職業上顯示出的明顯特點有:衝勁、霸氣十足,非常自信,競爭性強、成功欲望較強烈。對於喜歡的事情會十分熱衷、想法簡單愛冒險,不喜歡也不善於處理複雜的人際關係(尤其是年輕的O型人)。

O型在工作中能夠很快適應,拚勁十足,但後勁略顯不足,表現在前期進步神速,後期緩慢。因此,合理安排自己的精力和工作時間十分必要。

O型人在職場中很容易把自己孤立起來,原因是業績過於突出或者落後。不管是什麼原因造成的,一定要注意不要成為大家議論的對象,尤其是成為落後典型被大家看待。

O型人還有個通病,容忍和自己關係好的同事或者下屬的缺點,有時候還幫助其掩蓋,這是因為他過於袒護「自己的人」,這對於在職場打拚的人來說,可是不應該發生的錯誤。

另外,要帶領大家一起前進,不要一心一意自我拚命地工作,很容易忽視周圍人的意見,這些都是O型人的缺點。畢竟職場是大家的,個人拚命的工作,會讓職場中的其他人難以接受,每個人都不想被上司視為異類,O型人忘我的工

作會激起他人私下的反感,防不勝防。

並且,像上述現象越露骨地表現出來,越會招致危機。尤其是因O型人對地位和權力有非常強烈的追求,一處理不當就更加麻煩了。

要改正這些缺點,除了需要自身的努力外,還需要好幫手,俗話說:「三個臭皮匠,勝過一個諸葛亮」。

四、解密O型上司 —— 維護個人權威

如果不好好掌握O型上司的管理風格,就會有吃大虧的危險,輕微的是好事輪不到自己,嚴重的可能會和主管鬧僵。O型主管的特性有哪些呢?在此,我們來探討一下O型人遇到O型人的情況。

一、O型上司 —— 命令下達的太具體

等不及讓部屬花費一番心力去完成,往往事情剛開始時,便以命令的口吻要部屬去做這、做那。他認為自己的經驗與自信能發揮效用,便希望別人也能按照其做法去執行。當然照著他的說法去做並沒有不對,但每天都如此單調無趣,會令人感到索然乏味。

二、O型上司 —— 遷怒屬下

O型主管中,大多賣力朝出人頭地的方向邁進,因此一

第一章　O型性格全解析

旦與自己的份內工作息息相關的屬下出了差錯，他會無法忍受，並猛對那想逃脫責任的屬下大揮責備之鞭，刻意強調若按照他的計畫去做，應該不會發生這種事，為什麼偏偏就敗在你手上呢？等等的怨言不斷。此時那位倒楣的仁兄便絕望地想到，又不是我喜歡犯錯，被你這麼一說，好像我真的無可救藥似的。

三、O型上司──好面子

屬下的意見雖是忠言，O型主管卻會循著常規與常識，將其粉碎。尤其是對早知道目前做法只是次等對策的O型上司來說，這些缺點並非出其本意。少說一些沒有常識的話，否則，將使得O型上司覺得你不被信任，倍嘗冷落之感。

四、O型上司──目標明確

排除猶豫不決，奮力向前衝。這是O型主管的信條。他的看法是，若當成是不得不去做的義務，自然會嫌累、嫌苦，但將其當作目標，將會更有幹勁的努力實現。

五、職場合作自助餐

O型人遇到A型人

A型人和O型人可以說是最佳搭檔無論是工作還是生活。A型人辦事細緻縝密，而直腸子的O型人不拘泥小節，

第四節　從潛力到成功─O型人的職場智慧

粗心大意；A型人辦事深思熟慮，O型的人辦事雷厲風行。雙方恰恰可以互補，A型人的謹慎細緻恰恰可以彌補O型人的馬虎大意；反過來，精神旺盛的O型人又以其執著專注的行動帶領行動過慎的A型人共同前進。

在具體的工作上，這組絕配搭檔一般都是O型人上臺前，A型人居幕後，這樣的配搭是流暢而高效的：當O型人在做事上急功近利時，A型人可以為他想好行動的策略來幫忙或者糾正他；而當A型人在思想上鑽牛角而欲蠻幹時，注重實際的O型人也會對其發揮勸解作用。所以，一般A型人與O型人組合的搭檔中，都以A型人為輔助者。

A型人和O型人一朝結成友誼，他們的友誼就一定是真誠、熱情、無私的。所謂「心靈上的共識」也就是這個意思，是真正發自內心的友誼。

同樣，與O型人職場交往，A型人應該注意的也是要節制本身的欲求，不要期望從朋友身上得到太多，期望越高，失望越大！A型人應該正視自我，不要對他人要求過高。並且，友誼中的雙方是平等的，也不要希望旁人總能迎合自己，那樣子的友誼不是真正的，也不會長久。

對O型人來說，為了長期保持與A型人的朋友關係，絕對不要給對方添麻煩，尤其不要增加朋友的經濟負擔。這樣的話只能使朋友間出現裂縫，切記要保持禮貌、親切、誠懇的立場，要時常做對對方有益的好事。

第一章　O型性格全解析

O型人遇到B型人

這種交往一般O型人為輔助者，在這一關係中O型人始終積極地鼓勵對方，為對方指明前進的方向，猶如一座燈塔。O型人對B型人不受束縛的行動和奔放的思想一手策鞭，一手勒韁，使其有效地進行，這樣的配合帶來的效果和成就普遍是超群的。

在思想和能力方面，B型人那靈活的頭腦可以緩衝O型人故步自封的思考方式。善於處理人際關係，有時顯得神經質的O型人則可彌補B型人在人際關係上的不足。

無論是重大的業務合作，還是部門內部的配合，無論是在工作上還是生活上，這種組合都是一對非常可取的搭檔。

看實際情況可以適當安排哪個血型的人主事：O型主事，顯得穩健；B型主事，略帶冒進傾向。

不過，在職場合作中，如果O型人把韁繩勒得過緊，讓B型人有被束縛之感，特別是O型人看透了B型人在現實中太缺乏生命力時，這時關係也會分離。

O型人遇到AB型人

AB型人希望對方是一個強而有力的靠山，於是，富有人情味，對朋友最坦誠最可信賴的O型人深得他們的青睞，被認為是最好相處的人。

O型人特別仰慕AB型人，有時甚至有「美化昇華」對方

第四節　從潛力到成功—O 型人的職場智慧

的現象。在直腸子的 O 型人眼裡，AB 型人是完美無缺的：思路敏捷，善於多面理解，是聰明才智的體現；正義感強，處事公平，不貪欲，這都是品格高尚的表現。

在 AB 型人的雙面性中他們只看到溫和沉靜的一面，於是就認為對方是一個有修養的人。其實 O 型人看到的只是 AB 型人的一個方面，由於這些特點正是 O 型人所欠缺的，所以他們對 AB 型人往往帶有個人的崇敬與愛慕心情。

隨著相互認識合作的不斷加深，雙方心目中的美好形象就會消失，於是「大失所望」；弄得不好可能引起尖銳的矛盾而導致關係破裂。

在工作和生活方面結成相互幫助的搭檔是最理想的。講究現實的 O 型人和講原則的 AB 型人若能同心協力，事業就會突飛猛進。因為考慮問題時，他們可以取長補短，從而把事情處理得更圓滿。他們可以從各個不同角度來周密地考慮人際關係問題，兩人又都是多愁善感的人，所以對外是更加有力。

在興趣方面，O 型人有獨特的愛好，AB 型人的趣味是多樣化的，相輔相成兩人就可能成為興趣廣泛的朋友，成為創造事業的最好夥伴。

綜上所述，關鍵的一點是：在感情上雙方都不要陷入盲目性，這樣就可能成為好的性格匹配。

第一章　O型性格全解析

O型人遇到O型人

當同是O型的人在職場中相遇時，團結合作與明爭暗鬥就開始了。他們在日常生活中的方式很接近，想法上也有共同點，在職場奮鬥的目標也基本一樣。除了不同的職場經歷外，他們的命運似乎也有相似之處。

有一點是可以肯定的：在職場中為了生存，可以形成統一戰線聯盟，一起對外，一起抗敵。如果面臨職場的重大考驗，這種友誼和互助將會更加牢固和強大。

在O型人的家庭中，家庭成員是「最大的命運共同體」，O型家庭之間是最能和睦相處的。可見O型人天生就具有同命感，親近感。

不過，如果不是具備形成一致感的條件，O型人之間也容易成為競爭的對手，或冤家對頭。這時候，雙方都想突顯自己，彰顯個性，並且毫不掩飾地自炫其能；於是衝突就會升起。

O型組合的年齡差距稍大些為好。年齡之差，即閱歷之差，能力之差。而O型人對能力差異看得很重，而且十分敏感。由於他們既能受命於人，又善於領導別人，所以無論是當老闆、上司，還是下屬都是盡如人意的。這種能密切配合，呼吸與共的O型上下級關係在我們的周圍並不少見。不過，如果雙方的能力趨於接近，那麼他們的合作關係便會漸

漸為競爭關係所取代。這也是O型組合中容易發生的變化。

雖說是夥伴式的摯友，但在實際行動上他們又未必處處步調一致。所謂一致，是指在目標指向，或者說觀念意識方面。所以，平常看起來，他們的行動往往是打鼓吹號，各奏各調。

達人指點

職場旋轉木馬

O型人職場藝術

O型人具有強烈的成功欲望，且具有樂觀的精神，行動也很積極，因此，他們幾乎對所有的領域和行業都有強大的適應性和可塑性。他們的才幹和活動能力從某種意義上來說，越是有挑戰性的職業，越能激發鬥志。他們是精力充沛，不達目的不肯罷休的一類人，這些優點完全可以促使O型人取得最大的成功。

O型人在職場中也會遇到一些難題，他們的熱情和積極的行動很容易出現冒進現象，由於太突出，或者成為大家眼中中的佼佼者，或者因為不利因素成為失敗者，都會招致他人的非議。O型人職場最大的障礙是衝動，往往為自己的前途帶來隱憂，因此應該經常提醒自己，多多包容一下身邊的

第一章　O型性格全解析

人和事。

O型人在複雜的職場，處理各方面關係的感覺並不靈敏，甚至是遲鈍的。他們只有把這一劣勢化為優勢才可以揚長避短，促進自己的事業取得更大的進步。這就需要利用自己性格上的長處，把實際工作和人際交往結合起來，不要感情用事，更不要意氣用事，必要的時候也可以走一些捷徑。根據職場的不同需求及時調整自己的人際關係發展範圍，向上交往，和主管多多交流，會收穫許多好處的。

O型人對那些過於簡單、瑣碎，缺乏競爭和刺激、只要求細心謹慎的工作是產生不了興趣和熱情的，也做不出引人注目的成績。因此，建議O型人在選擇職業時候注意取捨。

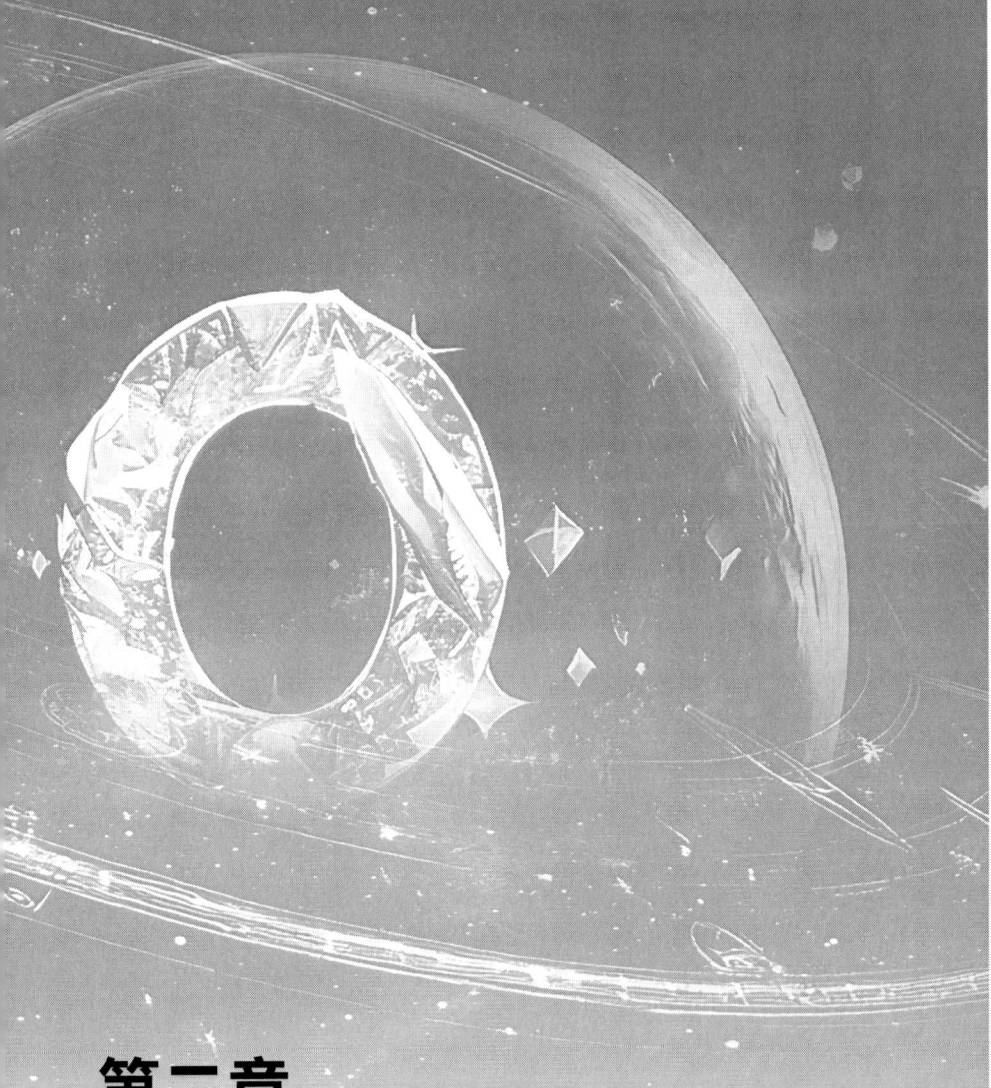

第二章
O型人12星座解析

第一節
火象 O 型人 ——
熱情、自信與行動力
（白羊座、獅子座、射手座）

1、白羊座（Aries）

3月21日～4月19日

神話由來・象徵意義 ── 精力旺盛的白羊

菲利塞斯（Phrixus）乃奈波勒（Nepele）之子，蒙上玵汙碧雅蒂絲（Biadice）的不白之冤，而被判處死刑，臨刑之前一隻金色的公羊及時將他和妹妹海倫（Helle）一起捎走。不幸的是，妹妹因不勝顛簸，一時眼花落下羊背，菲利塞斯則安然獲救，他將公羊獻給宙斯當祭禮，宙斯將牠的形象化為天上的星座。後來傑生為了奪取這金羊的羊毛，還展開了一段精采的冒險故事。

白羊象徵著旺盛的精力，勇往直前的個性，善用腦，積極、活潑、直接，喜歡新的事物。

第一節　火象 O 型人——
熱情、自信與行動力（白羊座、獅子座、射手座）

白羊座・解密 —— 婚姻特點、男女祕技

即使血型不同，所有白羊座的婚姻特點基本都是一樣的 —— 頂客式。

羊兒希望婚姻中的每一天都可以保持著戀愛的溫度，而唯一的方法就是不讓第三者進駐，這樣才能充分的體驗二人世界的樂趣。

當孩子拚命啼哭，將戀愛思維活生生的哭成婚姻思維，或者一不小心把人的母性激發，將精力都投入到孩子的身上，忽略了彼此，羊兒都是無法忍受的。羊兒寧可不要溫情，也要抓著激情不放手。

白羊座的婚姻態度雖然大體一致，但是性別不同還是有些差異的，誰是白羊男的誘惑星座？誰是白羊男的終身伴侶？

白羊男・星座瓜葛 —— 假意真情

白羊男 vs 天蠍女 —— 假意

同為火星守護的天蠍座是與白羊座很合得來的，天蠍女很樂意接納白羊男人的熱情，同樣也會以火辣的性感魅力回報他們。與天蠍女人過招，定會讓白羊男大呼過癮，其性感指數甚至會把白羊男腦袋衝昏。但是太致命的魅力會讓自我的白羊有危機感，所以更願意與其享受雲雨之歡而不敢輕易娶回家。

第二章　O型人12星座解析

白羊男 vs 天秤女 —— 真情

單純的白羊男不會花太多心思去了解女人，玩感情遊戲，只要有足夠的魅力保持對他們的誘惑便可，使他們甘願與之組成家庭共享後半生。而天秤女正是由於與白羊男相反的性格特徵，她們搖曳著不溫不火、不緊不慢的優雅步調，總是把白羊男的火苗煽著了又熄滅，熄滅了再點燃，使得白羊男一生都想搞清楚這神祕的美人到底在想些什麼。於是願意下決心塑造自己成為頂天立地的好丈夫。

白羊女‧星座探祕 —— 增加魅力

白羊女因其女人的天性，行動果敢的性格，即使血型不同，但是表現出來的魅力和行為卻大致一樣，身為白羊女最值得期待的就是魅力無限，風采可人。她們對時尚的眼光可是十分準確的。

適合的相親對象：

(1) 天秤座 天秤座是很容易贏得白羊女好感的星座，而且能使她絕對服從，而她也能將自己塑造得溫情脈脈。

(2) 射手座 同屬火象的射手座，跟白羊女會情意纏綿。而且緊迫的生活節奏同步。

(3) 獅子座 獅子座的男性則特別有助於實現白羊女事業上和生活上的美好願望。

適合的相親裝扮：熱情火熱的白羊女最適宜粉嫩色彩的

第一節　火象 O 型人 ——
熱情、自信與行動力（白羊座、獅子座、射手座）

小洋裝，映襯出青春動人的氣息，戴頂帽子會很討喜！

適合的相親地點：人聲鼎沸的美食街和白羊女的氣質很相配，而且也比較能飽口福，另一個好處是，如果不滿意相親對象的話，還可以迅速轉移注意力，不用太尷尬。

對白羊女的貼心小叮嚀：相親的時候要多意小細節，記得向妳的對立星座天秤座多學學她們優雅的處事風範，想必加分多多。

性格・氣質 —— 自我意識強，領袖氣質

O 型白羊座人行事積極且富有冒險精神，往往在時機未完全成熟之前就毅然出發，說做就做。這種行動方式，雖然也有馬到成功的先例，但絕大多數情況都會因估計錯誤而遭致失敗。他們的性格是「爽快、乾脆、斷然」的，遇到挫折時並不會因此意志消沉，所以，不會一直生活在失敗的悔恨中。

O 型白羊座人不會以自我為中心，但是自我意識很強，不服輸。最討厭在別人後頭當一隻應聲蟲，受人指揮。如果無法時刻走在別人的前面，心中便覺得不舒坦。野心勃勃、雄心萬丈正是他們的最佳寫照，因此，他們大多善於搜集情報，對時事動態瞭如指掌。

O 型白羊座人的人際關係雖好，卻不喜歡情理不分，嘮

嘮叨叨、死纏爛打的關係，無論做什麼事，都喜歡乾淨俐落，討厭拖泥帶水。他們的人情味也很足，雖然不喜歡曖昧的人際關係，但卻很重視人情世故，尤其是路見不平，定會拔刀相助。他們不喜歡依賴別人，但允許別人依賴自己。

這種心態，或許可以說是種強烈優越感的表現。他們的領袖氣質使周圍的人著迷、崇拜，所以他們很容易被推舉為團體的領導者，這是Ｏ型白羊座人得天獨厚的地方。

他們會比任何人都還要重視生存的價值，積極發揮個人的能力。身為別人下屬，或許表現得平庸無能，但是只要有機會脫穎而出，就會成為備受矚目的領導者。性格爽朗的Ｏ型白羊座人不易拒絕別人委託的事情，因此應格外注意不要被狡猾的人利用。

金錢・財運 ── 賺錢積極，花錢更積極

Ｏ型白羊座人賺錢比存錢更積極，所以Ｏ型白羊座人對賺錢的門道還是有很多想法的。他們的收入總是在一般水準之上，但他們天生浪費，所以總是積蓄不了太多的金錢。

天性浪漫的Ｏ型白羊座人總會因一時衝動買下一大堆中看不中用的廢物，並且樂此不疲。Ｏ型白羊座人對投機性的事業非常有一套，能夠迅速掌握市場的動態，往往能在股票買賣上大賺一筆。因此，集投資和投機能力於一體，面對突

第一節　火象 O 型人 ——
熱情、自信與行動力（白羊座、獅子座、射手座）

然的暴富，往往是不可思議地讓人大吃一驚。

對於中年之後的 O 型白羊座人，應盡量改掉浪費的習慣開始存錢。否則雖不至於到經濟拮据的地步，卻難有穩定的財富。因此，中年時期，應盡量考慮一些穩定的投資方式。

O 型白羊座人開拓的廣闊交際和豐富的人際關係，會為他們帶來財運，所以，年輕時不要吝於交際費。

愛情‧心語 —— 不太冷靜的戀愛情緒

O 型白羊座人會在瞬間萌生愛的激情。如果喜歡上一個人，就會毫不猶豫地展開行動。他們會細心地觀察對方的心理及態度，並思考作戰方式，但由於心頭充滿了激烈的情緒，往往會不太冷靜地估計情況，常常自以為經過深思熟慮且穩操勝券，但結果卻讓人失望。

O 型白羊座人也是那種拿得起放得下的人，他們不會進行愛情長跑，即使是短暫的邂逅，也希望能完全表達自己熱烈的情意，而在失戀時，也不會過了很久仍悶悶不樂。他們也許會大醉一場，或者換個新髮型，然後一切便隨風而逝，畫上休止符。等傷心期結束了，又會回到原有的生活軌道上。

O 型白羊座人不宜在 25 歲以前結婚。經人介紹，雙方相親的方式也不適合他們。因為相親是一種被動的形式，而 O

第二章　O型人12星座解析

型白羊座人屬於積極行動者，無論男女，有95％以上的人是自由戀愛而結婚的。

大多數的O型白羊座人，不分男女，往往在20歲左右就因剎那間的激情而做下終身的決定，也往往在毫不猶豫地踏上紅毯那端之後才發現對方的缺點。畢竟婚姻生活是現實的，他們因年輕而容易被熱情衝昏了頭，以致「情人眼裡出西施」，一旦開始朝夕相處，便發現了許多以前未注意的問題。

O型白羊座人因婚前了解不深而導致婚姻失敗的例子屢見不鮮。

婚姻‧家庭 ── 熱鬧的家庭聚會場所

O型白羊座人在25歲之後到30歲左右，就可以選擇理想的終身伴侶。但成家之後，男性不是所謂的顧家型，女性也不是賢妻良母。

他們婚後雖能擁有一個洋溢歡樂的大家庭，但也不會是個和家人廝守在一起的大家庭。他們具有很濃厚的社交性，所以家中出入的朋友特別多，家裡自然而然成為熱鬧的社交場合。

O型白羊座的女性雖不乏有扮演好主婦的例子，但是由於她們大多個性外向，即使結婚了仍不願放棄追求自我的事業。

第一節　火象O型人——
熱情、自信與行動力（白羊座、獅子座、射手座）

O型白羊座的男性則是事業重於家庭的人，婚後更會放縱自己在外面拈花惹草，但除非特殊情況，他們絕不致沉迷其中，破壞家庭生活。

他們對孩子並不過分寵愛，通常採取自然發展，開明的方式教育孩子。

男女有別・O型白羊男 —— 性格易衝動

O型白羊男具備極強的社會道德感，具備扶弱濟貧，為實現理想而不斷進步的責任感和精力。在任何範疇都力求進步，因為只有成為帶領者才能將能力發揮得淋漓盡致。

但是如果事事都以自我為中心，O型白羊男也會出現問題。因為性格易衝動，一意孤行，只能品嘗失敗的苦澀。能輕鬆地融入群體，但因為性格純真而又熱忱坦率，容易陷入爭端。

O型白羊男的個性強、率性頑強，但因為本性純真，很容易被他人所哄騙，切記這一點。O型白羊座男為人善良，處事穩重，但在具體工作上總是自行其道，所以容易單方面地看待問題，這一點需要改正。

因為才智卓越，可以創立一番事業，但因自我意識太強烈，也容易傾家蕩產，所以培養謙虛的美好品德非常重要。

第二章　O型人12星座解析

男女有別・O型白羊女 —— 旺夫運

O型白羊女多數都具備女英雄的氣概，內心裡對英雄有崇敬的情結。紈褲子弟很難博得O型白羊女的喜愛，她們真正期待的是有才華、有魄力、有英雄氣概的男子。

O型白羊女是一個懂得賞識對方能力的星座，雖然白羊座很少浪漫到只憑愛的感覺就能夠拋棄一切，但是也不會實際到一心只想嫁個金龜婿，或者把「少奮鬥十年」的念頭當成最高的指導原則

很多O型白羊女都有旺夫運，得此類型女子，丈夫的事業飛黃騰達之日很快就會到來。

事業・成功 —— 不適合死板的工作

O型白羊座人的社交性極強，頗具交際手腕，對環境的適應力很強，可以隨時接受新的工作和任務。所以，他們不適合從事死板的工作，尤其不適合在管理嚴格的公司上班。

比較適合O型白羊座人的是富有挑戰性、較有彈性的工作。某些研究領域和開拓領域是最好的選擇。最好能有一技在身，自己獨立經營事業，單打獨鬥也是個好手，白手起家更是可行；其次，若能學有專長，成為自由學者、專家，那麼時機成熟時必能成為中小企業的領導人。

如果O型白羊座人已經成為大公司的一員，應盡量選擇

第一節　火象 O 型人──
熱情、自信與行動力（白羊座、獅子座、射手座）

可以充分發揮智慧及才能的工作，如業務部門、開發部門等；至於和數字打交道或者安排公司人員各項細節之類的工作，便難以發揮所長了。

總之，O 型白羊座人自主性極強，富有開拓者的精神。別讓眼前的小利耽誤了發展前程。

星座達人指點

對 O 型白羊座人的忠告

三十五歲以前轉業，會有好膽識，但是，在變動工作之前，必須三思而行。朝著自己的既定目標努力衝刺，這樣才有成功的可能。

廣闊的交際和豐富的人際關係會帶來財運，所以，年輕時不要吝於交際費。

如果與個性不合或知識水準低於自己的人結婚很容易產生悲劇，宜慎重選擇伴侶。

無論戀愛或進一步的性行為，都必須和對方協調好。否則，即使能戀愛成功也是短暫的。如果只是一味以自己的步調來進行，那麼必定導致失敗。

性格爽朗，不易拒絕別人委託的事情，因此應格外注意不要被狡猾的人利用了。

2、獅子座（Leo）

7月23日～8月22日

神話由來・象徵意義 —— 高貴的獅子王

傳說中和這星座有關的是位於希臘尼米亞（Nemean）谷地的一頭獅子，在一次搏鬥中被海克力斯殺死。由獅子座的神話可以聯想到獅子的勇敢和善戰。由獅子去聯想獅子座的特性，很容易就可以想到很多，如高貴、同情心、王者之風等。

獅子座・解密 —— 婚姻特點、男女祕技

即使血型不同，所有獅子座的婚姻特點基本都是一樣的 —— 開放式。

獅子座雖然不是一個花心的星座，但與生俱來的稱霸欲，讓他們絕對不可能甘心只在一個人的世界裡徘徊。因此他們理想的婚姻絕對是開放式的，不受形式束縛，可以隨便在外面擁有知己。

不過獅子座所謂的開放式顯然只是對於自己而言，在他們心中另一半必須安分守己，而自己卻大有可以為所欲為的傾向。

第一節　火象 O 型人──
熱情、自信與行動力（白羊座、獅子座、射手座）

獅子座的婚姻態度雖然大體一致，但是性別不同還是有些差異的，誰是獅子男的誘惑星座？誰是獅子男的終身伴侶？

獅子男・星座瓜葛 ── 假意真情

獅子男 vs 獅子女、白羊女 ── 假意

獅子男內心其實是一個正在成長的孩子，他們很需要超高溫的激情來展示自己用不完的能量，所以同為獅子座的女生很能與獅子男同一步調，一起瘋玩，並與之燃起**轟轟**烈烈的一段愛情。但兩頭獅子都需要對方的仰慕，可是又誰都不肯為對方妥協，很難讓獅子低下頭將另一頭母獅娶回家。

因為見多了社交場合的推杯換盞、互相恭維，所以純真率真的白羊女很能讓獅子男找到陽光年少的感覺。他們很渴望並期待著與火辣直接的白羊女展開一場熱力角逐，可以說白羊女是最能挑起獅子男性戰鬥欲望的。

獅子男 vs 天秤女 ── 真情

對於獅子男來說，高貴的頭顱重於一切，他們對於與自己共同出入社交場合的女人要求很挑剔。品味要高雅，但又不能太過奪目而搶了自己風頭；要很會為人處世，又要以輔佐自己為前提；要足夠聰明圓滑，又要分寸拿捏準確，不失大氣……這一切苛刻的條件似乎非天秤女莫屬了。天秤女似乎生來就是當王后的料，很藝術又不失理性地在獅子國王身

邊打理這一切，這令挑剔的獅子國王非常滿意，願意與這個天生的尤物步上紅毯。

獅子女‧星座探祕 —— 增加魅力

受人矚目的獅子女因其女人的天性，王者、大氣的性格，即使血型不同，但是表現出來的魅力和行為卻大致一樣。身為獅子女最值得期待的就是魅力無限，風采可人。她們與眾不同的穿戴和大方得體的儀表令人欣賞。

適合的相親對象：

(1) 水瓶座 這個星座的男性會撥動獅子女的心弦。他們的生活將是穩定而和諧的。

(2) 白羊座 和白羊座的男生結合，有助於獅子女成就宏偉的事業或實現夢想的計畫。

(3) 射手座 射手會讓獅子女的生活變得豐富多彩，並會經歷奇異的旅行生活。

適合的相親裝扮：高貴華麗的獅子女最適宜帶點亮片或鑽飾的華麗吊帶，既高貴又性感，非常吸睛⋯⋯陶瓷燙造型會使整體的感覺更加時尚！

適合的相親地點：獅子女偏愛異域情調的高檔餐廳，當然，能夠消費得起這種等級餐廳的對象，才值得獅子女一見啊！

第一節　火象O型人──
熱情、自信與行動力（白羊座、獅子座、射手座）

對獅子女的貼心小叮嚀

相親的時候不能一味以自我為中心，記得向對立星座水瓶座學學她們溫和的處事風範，會增加更多朋友。

性格・氣質 ── 旺盛的行動力，積極向上

O型獅子座人性格上最大的特徵便是具有旺盛的行動力，如果遇到了阻礙，也不會停留在原地思考或懊悔，會立刻改變方向，追求另一片新天地。

由於內心充滿了活力，在行動的同時，O型獅子座人不忘為自己做一番宣傳。這種自豪的態度，表現在行動上時，就成了被周圍所厭惡的人。所幸，O型的氣質能巧妙地控制獅子座這種過分自信的性格。

心胸寬大，不拘小節，正是O型獅子座人擁有的魅力，對部屬的過失絲毫不計較，並且巧妙地讓部屬自行反省。若是身旁有意志消沉的人，便會以天生爽朗活潑的個性來征服對方，這也是做為一個領袖應有的胸襟和氣度，所以人緣非常好。

O型獅子座人在表示善意時，無形中會以強迫的態度使對方勉強接受。出發點原是一番好意，即使帶有強迫的態度，也容易被對方忽略，這也可說是O型獅子座人另外的一種魅力。

無論何時都想擁有戲劇化的人生，O型獅子座人最無法忍受充滿灰暗並且行動躊躇的人生，他們會認為如果沒辦法滿足虛榮，那還活著做什麼。

獅子座的氣質可說是烈焰型，O型積極的行動性，就猶如火上加油，在這種組合下的O型獅子座人，具有「赴湯蹈火，在所不辭」、「雖千萬人吾往矣」的勇氣。所以經常會有路見不平，拔刀相助的行為。

如果想吸引O型獅子座人，那麼對方也必須具有相當複雜的變化性，因為O型獅子座人會在瞬間放棄早已熟悉的對象，再轉向更具挑戰性的對象，這是因為O型獅子座人內心的驕傲不容許一再重複做相同的事。

金錢‧財運 —— 財運絕佳，避免賭博

O型獅子座人運氣絕佳，財運亨通，往往不費吹灰之力財源便滾滾而來，真是運氣來時擋也擋不住，由於人品不錯，在籌措資金時，常能獲得朋友的贊助。

遺憾的是，O型獅子座人常會浪費了好運氣，這主要是受到獅子座氣質的影響，若是能充分發揮O型人冷靜及敏捷的行動力，就不會讓好運氣白白溜走了。

O型獅子座人儲蓄觀念淡薄，所賺的錢的總是迅速地花光，即使借錢也要愉快地到處遊玩，然後才拚命工作來填補虧空。

第一節　火象 O 型人——
熱情、自信與行動力（白羊座、獅子座、射手座）

總之，有好運氣出現時，如果不及時把握住，等到失掉運氣時，或許會陷入窮困潦倒的生活中。假如 O 型獅子座人仗著自己的好運氣而沉溺在賭博中，將會使自己陷入無底的深淵，一旦陷入其中就難以自拔了。

愛情・心語 —— **轟轟烈烈的愛情**

O 型獅子座人的戀愛，充滿了美麗的色彩，積極且快樂。戲劇化的 O 型獅子座人，墜入愛河時，就好像是劇情片中的主角一樣，陶醉在戀愛的氣氛中而渾然忘我，如果 O 型人的氣質較強，激情之中尚能冷靜，仔細衡量雙方的未來。但是，一般來說，O 型獅子座人多半在熊熊愛火中迷失了方向，甚至燃燒了自己。

既然是愛情故事，O 型獅子座人自然會尋找相配的角色同臺演出。一旦產生了愛慕之意，便單刀直入，坦率地表白自己的心意，完全不懂得矯揉造作。會謹慎地選擇約會地點，盡量給對方特殊的感受，設法營造出完美的愛情場景。喜歡在富於浪漫氣氛的場所談戀愛，在這些地方談情說愛，才能從對方含情脈脈的眼神中，感受到愛情的喜悅，享受幸福的感覺。鮮花盛開的公園和一望無際的沙灘，常會留下他們美麗的故事及深深的足跡。

O 型獅子座人即使戀愛時，仍維持吸引別人注目的一貫作風，所以，從不隱藏戀情，反而得意洋洋地誇耀自己的戀

情。一旦失戀了,會勉強打起精神,整理自己創傷的心,馬上又開始物色新的對象。轟轟烈烈的愛情,是夢寐以求的,不會把戀情埋藏在內心深處,時刻都盼望對方能夠感受到全部的感情,明白他的愛意多麼深濃。

這種將身心完全投入的戀愛方式,在周圍的人看來甚為前衛,儘管熱烈地談戀愛,可是卻不會輕易和對方發生超友誼的關係。如果突破了這種停滯的狀態,雙方的關係轉變成親密,原先積壓在內心的激情,就會緩緩流露出來。

和這種激烈的戀愛形態相較,性行為的模式就顯得平淡多了。由於追求戲劇化的戀情,而且對愛充滿了幻想。所以,比較重視精神上的戀愛,然而戀愛也不是柏拉圖式的,只是從發生感情到進一步的肌膚之親,在這過程中經常會出現奇妙的斷層。

婚姻・家庭 —— 保持活潑開朗的家庭氣氛

O型獅子座人對婚姻觀及戀愛觀的看法迥然不同,戀愛時,熱情澎湃,但對於婚姻卻不會特別感興趣。也就是說,只想談戀愛,而不願意結婚。

O型獅子座人認為戀愛是一中最美麗的時刻,但婚姻卻是現實的,對於婚姻,抱著不折不扣的現實態度,只要一談到結婚,O型人冷靜的特徵就逐漸加強了,獅子座所選擇的

第一節　火象 O 型人——
熱情、自信與行動力（白羊座、獅子座、射手座）

配偶，必須是各種條件都極佳的人，如此才能使自尊心感到滿足。

O 型獅子座人現實生活中可說是個注重實際的人。如此一來，戀愛的對象和結婚的對象很少是相同的，但也有不少情形是由情人變成配偶。在旁人的眼光看來，前者是容易變心的負心型，後者則是戀愛故事的續集。前者的缺點是不負責任，後者的缺點是不切實際。總之 O 型獅子座人在戀愛及結婚的觀念方面，很難被人接受。

O 型獅子座人在步入紅地毯那端之後，仍會追求浪漫的生活，因此，男性便成為不問家事的丈夫，然而，卻會表現出大男人主義，帶給妻子莫大的困擾。女性則不擅長處理瑣碎的家務，想爭取外出工作的機會或和丈夫一起外出交際應酬，這種想法不免使丈夫煩惱不已。

如果婚後無法接受現實的生活，依然沉醉在戀愛時期浪漫的夢想裡，會使另一半有挫折感，甚至引起家庭風波。幸好 O 型獅子座人天生具有活潑開朗的個性，所以，即使夫妻吵架也不會引起離婚。

O 型獅子座的女性，雖不喜歡瑣碎的家務，但依然有一個優點，那就是很喜歡小孩子，不僅對教育孩子很熱心，而且喜歡抽空和孩子一起玩耍。

一般而言，O 型獅子座人在家庭內的人際關係都十分明

朗，可是如果過於任性，就會引起對方的不悅，因而引發一場家庭糾紛，付出了痛苦的代價，這未免太不值得了。所以即使在家裡，面對著自己最親愛的家人，還是要稍微節制情緒。

男女有別・O型獅子男 —— 不輕易承諾

O型獅子男無論何時都有著一顆向上的心，這份向上心，在無形中促使他們往高處爬。但是，隨著社會地位的升遷，很有可能變得自滿、驕傲，甚至出現獨裁專制的情形。

同時，O型獅子男不會輕易承諾，因為他們一旦承諾後就很少再背叛。為了不讓自己背上沉重的包袱，索性就不承諾什麼，實在被逼的沒有迴旋的餘地，就會憤怒地指責對方不信任他。

如果和一個O型獅子座男人戀愛，可要注意了，他們對感情不是很認真和堅定的，隨著時間的推移，紅顏老去或者感情的轉淡，就會改變初衷。

男女有別・O型獅子女 —— 易激怒

O型獅子女因為個性強，在行為舉止各方面都表現出很獨特的作風。情緒表達能力極強，但處理問題能力極差。所以在情緒特徵上，她們是屬於容易被激怒的類型。

第一節　火象O型人──
熱情、自信與行動力（白羊座、獅子座、射手座）

她們的脾氣通常就像一陣雨，來得快去得也快。常常周圍的人還搞不清楚發生什麼事，她們的脾氣就已經發完了。因為情緒轉移極快，所以別人很難在情緒問題上給予幫助。因為O型獅子女天生就是那種必須充分表達情緒的人。自我意識很強，不顧一切地發表自己的意見，是個非常自立的時髦女性。

因為其公道，對外的一切都能提出合宜的觀念。較少被環境所左右，O型獅子女不管處在何種情況下都能有自己的天地，不會受逆境所擊倒，具有堅強的意志和能力。

事業・成功 ── 引人注目的工作更易成功

O型獅子座人自我表現欲很強，喜歡充滿華麗色彩的生活，不適合樸實無華的生活，也不適合呆板的職業。

建議最好能從事演員、歌手、模特兒這一類的工作，這些工作都能吸引眾人的注意力，使O型獅子座人感受到時時被人注目的樂趣，如果想充分運用優秀的領導才能，選擇一個企業的創業者或是教師，應是最適合不過了。

假如上面所介紹的工作，都沒有興趣，那麼，不妨考慮當個設計師，畫家等，這一類工作都極為自由，不會有拘束感。況且O型獅子座人本身便具有得天獨厚的藝術氣質，從事與藝術有關的工作，必能勝任愉快。

無論如何，O型獅子座人運氣總是遠勝過他人，只要運用本身旺盛的精力，無論從事何種職業，成功的可能性都相當大。

不過，O型獅子座人原本就是個喜歡賣弄交際手腕，討好他人的人，如果過於顯眼引起別人的嫌惡，無形中就會被其他人孤立。

星座達人指點

對O型獅子座人的忠告

了不起的樣子和自傲的態度是最應該避免的表現。即使出發點是基於一片好意，那種略帶強迫的傲慢態度，將會使得人家拒絕接受你的善意。

儲蓄雖有點吝嗇的感覺，但如果不節省，又怎麼成為富豪呢？積少成多，不存小錢，又怎能擁有大錢呢？不要只想賺大錢，小錢也應好好珍惜。

如果擅自安排，而不理會對方的心情，終究還是會失敗。

追求戀愛，想要活在浪漫的感情裡，這種想法雖然不為過，但是，首先要注意自己周圍的變化，千萬不可因一時的激情而毀掉自己辛苦建立的生活基礎。

自傲及囂張的氣焰是最大的禁忌，甚至很容易使人產生誤解。

第一節　火象 O 型人──
熱情、自信與行動力（白羊座、獅子座、射手座）

在一個團體中，應時時提醒自己注意團隊精神，以免被視為特殊分子。

3、射手座（Sagittarius）

11月22日～12月21日

神話由來・象徵意義 ── 來無影去無蹤的射手

射手座呈現的是半人半馬的型態，具有動物和人類雙重面目，是個著名的先知、醫生和學者。他是希臘著名大英雄傑生（Jason）、阿基里斯（Achilles）和艾尼亞斯（Aeneas）的撫養者。傳說他是克洛諾斯（Cronus）和菲呂拉（Philyra）之子，也是宙斯的父親。他是在受驚嚇後，把自己變為馬身，其母斐萊受不了兒子半人半馬的怪模樣，便變成了一棵菩提樹。

射手座的守護星是希臘神話中的宙斯 ── 宇宙的主宰和全知全能的眾神之王。所以是個神聖的完美主義者，有陽剛的氣息、寬大體貼的精神，重視公理與正義的伸張。

射手座基本上是個半人半獸的怪物，手裡有張大弓，也是個瀟灑且帶侵略性的獵人，到處尋找獵物，只要是好玩、好吃，都能刺激他的玩心，他的箭會射得又快又急。像支點了火的箭，射到哪裡就燒到哪裡，來得急也去得快。所以他們總難安頓下來。

射手座・解密 —— 婚姻特點、男女祕技

即使血型不同，所有射手座的婚姻特點基本都是一樣的 —— 做客式。

做客式婚姻是婚姻生活散漫的極致，雖有法律上的認可，但雙方的生活依然自由到底。可以玩命的跑趴，陶醉於迷亂的酒精中，可以徹夜的狂歡，流連於單身歲月的霓虹燈之下。

就連見面也只能靠偶然的時間巧合，相聚變成做客，婚姻的枷鎖徹底解脫。射手座要的婚姻感覺就是茫然和繽紛的，存在著無數次的心動，卻只是婚姻中的客人。

射手座的婚姻態度雖然大體一致，但是性別不同還是有些差異的，誰是射手男的誘惑星座？誰是射手男的終身伴侶？

射手男・星座瓜葛 —— 假意真情

射手男 vs 水瓶女 —— 假意

首先天王星守護的水瓶座與木星主宰的射手座有一定的共同之處，見識廣博的水瓶座很能滿足射手座的獵奇心理。並且水瓶座的四處獵奇性格不像射手座那樣有階級感，除了可以共同探討高深的哲學，水瓶座又會關注社會邊緣甚至底層的生活所影射出來的人生道理。射手男很是迷戀水瓶女的

第一節　火象Ｏ型人──
熱情、自信與行動力（白羊座、獅子座、射手座）

這種博愛與包容的大智慧，但是比射手男更加熱愛自由的水瓶女會讓射手男有不安定感，所以不太敢娶回家。

射手男 vs 白羊女 ── 真情

射手座很追求上進，很希望自己能在夢想追求途中有一番作為。但在木星的吉光照耀下，射手座的好運氣很多，因為太過好運所以總容易不停地往前奔跑而忘記抓牢什麼。而白羊座是很重視擁有感的一群，有白羊女陪在射手男身邊，會不停地督促射手男要目的明確地攻下一座堡壘，再去開拓新的機會。這樣才能使自己的疆土越來越廣闊，距離自己的夢想才會越來越近。白羊女很符合射手座的現實生活目標，所以更易共同走入婚姻。

射手女・星座探祕 ── 增加魅力

自由奔放的射手女因其女人的天性，好奇心強的性格，即使血型不同，但是表現出來的魅力和行為卻大致一樣，身為射手女最值得期待的就是魅力無限，風采可人。由於射手女的風格太過於奔放，應該懂得適當的控制一下。

適合的相親對象：

(1) 雙子座 雙子男的風趣和博學，會讓射手女的生活充滿朝氣與歡樂。
(2) 白羊座 和激情滿懷的白羊男相處會非常愉快
(3) 獅子座 和獅子男會相互愛慕，相處得十分融洽。

適合的相親裝扮：開朗活潑，酷愛自由的射手女，看起來往往顯得很年輕，俏麗的學生風格裝扮，顯得清新美麗，容易給人好感。

　　適合的相親地點：酒吧一定是射手最適合相親的地點，如果看對方不順眼，也不會讓酷愛豔遇的射手女太寂寞，因為燈紅酒綠中的紅男綠女太多了

　　對射手女貼心小叮嚀：相親的時候還是要稍微控制一下開心果本色，多點矜持，記得向對立星座雙子座學學時髦的品味，一定會更加使對方刮目相看。

性格・氣質 —— 行動果斷，判斷力優秀

　　O型射手座人的特徵是開放且富於適應性。即使與人初次見面，也不會一副戰戰兢兢的表情，很自然，大方得體，他們能在短時間內便和他人像老友般融洽相處。

　　O型人原本就具有敏捷又實際的行動力，而射手座更是充滿了機動性。因此，O型射手座人就成了果斷的類型。他們本身就擁有極優秀的判斷力，所以他們行動的方向很少會發生錯誤。最令人驚訝的是他們能比別人的行動快兩倍或三倍。

　　O型射手座人喜愛自由、大方而且心胸開朗。他們最討厭被人束縛，不論如何都夢想自己能任意遨遊在天空上。由於這類型的人相當重視自己的自由，因此他們也極尊重對方

第一節　火象 O 型人──
熱情、自信與行動力（白羊座、獅子座、射手座）

的自由。他們最好的優點便是能設身處地為他人著想，所以這類型的人很少有干涉他人行動的例子出現。

O 型射手座人，無論工作、遊樂、戀愛，都是容易表現出熱情的人。他們喜歡用盡自己的精力，熱烈地燃燒，甚至不管燃燒的程度是否合理。因此，這類型的人也許會被別人看做是輕佻的人。

這類型的人也是個反覆無常的類型，常常會有昨日喜歡，今天就討厭的事情發生。當他們熱烈的時候，就會對他人表現出誠實且信賴的態度；若是冷淡的時候，就會佯裝出一副事不關己的態度。他們這種忽冷忽熱的個性，常把周圍的人搞得不知所措。

無論 O 型射手座人所表現的個性是冷、是熱，他們都會保持樸素且天真的態度。這種態度每每能吸引住別人的微笑，所以他們無理的行為總是會被寬容，而不會被他人憎惡。這種單純的性格，對他們的人際關係極有利。但是，由於他們的心思太過純潔，因此對於心術不正的行為，立即就會爆發激烈的怒意。

由於 O 型射手座的人，具備 O 型人的探索意識和射手座的藝術性，所以他們對美的感覺較一般人更優秀。尤其他們很注重精神上的追求，並且注重增加自己的內在美。這類型的人有特別喜歡探究真理的傾向，因此很喜歡哲學和宗教，甚至會有預測未來的神祕能力。

第二章　O型人 12 星座解析

金錢・財運 —— 財運一般，收入不穩定

從 O 型射手座人的性格來看，也許天生注定和錢無緣，甚至沒有固定的收入。但 O 型人對現實利益的重視，不至於會做出沒有帶錢就到處玩樂的荒唐行徑。

外表看來，O 型射手座人生活很寬裕，但事實上，他們不會存錢，也沒有任何存款。O 型射手座人是有一分錢就花一分錢的類型，尤其是跟人交往時，無論如何，寧願自掏腰包，也不願別人破費。

O 型射手座人不會為了賺錢而四處勞累奔波，在他們的觀念裡，有錢沒錢不重要，只要保持心情上的愉快就好。這觀念對 O 型射手座人反而有利，不但不會為了錢而做出犯罪的行為，甚至會有貴人來相助。

O 型射手座的女性，一定會得到富人的贊助。雖然不主動開口，對方卻會毫不吝嗇地給予各種禮物，男性則有可能遇到有力的投資者，所以能專心從事自己喜愛的工作。

愛情・心語 —— 尊重對方，保持個人的自由

O 型射手座人不喜歡糾纏不清的愛情方式，在熱戀中，會表現出濃情蜜意的樣子，一旦分手了，也不會依戀著對方。

戀愛的基本原則便是追求生存方式相同的人，討厭受到

束縛的個性也會強烈地表現在愛情上。所以，O型射手座人無論男女，都不會陶醉在甜言蜜語中。

O型射手座人認為與所愛的人一起追求理想，便是實現自己理想的行動，這種行動才具有充實感，而且藉著行動的過程更能拉進雙方的距離。

在表達愛意時，O型射手座人有相當的熱情，彷彿射出的箭，直接向對方的心進攻。在表達自己心意的同時，也不忘努力使對方產生好感。一旦分手，即使彼此曾有過海枯石爛的山盟海誓，也會徹底死心，慧劍斬情絲，分手後便成為一般的普通朋友了。

O型射手座人戀愛比較重視精神方面，屬於柏拉圖式的戀愛。所以選擇戀愛對象時多半是以性情相近和知識能力相等為主。不喜歡完全依賴某一方的關係，更討厭雙方之間出現如膠似漆般密不可分的關係，那將會使愛好自由的天性受到束縛。

O型射手座人談起戀愛有極端的傾向，或是追求優雅的精神關係，或者追求明朗的玩樂關係，這是因為O型射手座人尊重對方的立場，同時，又想保有自己的自由。

這裡所指的明朗關係，並不是指兩個人之間的曖昧關係，而是指一開始就能互相取得自由的確認，而且明確地表現在行動上。

O型射手座人在性行為方面也是開放而不拖泥帶水的，很少會沉溺在性愛中，而且也不會藉著肉體上的關係來延長雙方不正常的關係。在O型射手座人的觀念中，性行為就猶如雙人運動，洋溢著健康的氣氛。

婚姻・家庭 —— 攜手共識增進感情

O型射手座人非常嚮往自由，一般而言，並不適合結婚或組建家庭。而且，即使是在戀愛之後結婚，不久就會逐漸感覺到家庭是束縛自己行動及精神上的負擔，關於此點，O型射手座人本身十分了解，所以，不會勉強結婚。

O型射手座人無論男女，都不太在意世俗社會觀念，所以並不在意自己到了適婚年齡，仍然是單身，凡事一切順其自然。

由於O型射手座人在戀愛時愛得天昏地暗，也許一直陶醉在熱情的氣氛中，所以通常都能迅速地走入結婚禮堂。但是，O型射手座人生性活潑輕佻，結婚之後，往往會感嘆：「結婚是戀愛的墳墓，所謂家庭無非就是終生的枷鎖！」

婚後，也許並不是理想的丈夫或妻子，對孤獨並不在乎，儘管偶爾也想跟人維持穩定的關係，但是那種被人束縛的感覺立刻便會讓O型射手座人難以忍受。

若是對生活缺乏熱愛，並沒有特別想追求的目標，就會

> 第一節　火象 O 型人——
> 熱情、自信與行動力（白羊座、獅子座、射手座）

使自己迷失在日常生活裡，由於 O 型射手座人容易厭倦的個性，所以無法忍受平凡的夫妻生活，而喜歡追求新發現的關係。

此時，配偶最好以堅定的態度來表示自己的意見，千萬別存有「睜一隻眼，閉一隻眼」的觀念，那只會更加放縱對方罷了。

由於對一成不變的事情感到厭倦，所以夫妻間偶爾的一次小爭吵，可以增進雙方的感情。夫妻倆人若是有攜手並進的共識，相信必能有一個快樂，健康的家庭生活。

男女有別・O 型射手男 ── 玩心不改

無論戀愛還是婚後，O 型射手男如果稍有不慎，就會變成夜不歸營的人。由於 O 型射手男深切感覺自由的可貴，因此，也不想剝奪配偶的自由。基於這種觀念下，這種戀情組成的家庭多半是開放型的家庭，儘管如此，追求幸福仍是他們共同的本能。

雖然 O 型射手男沒有家庭觀念，經常不愛回家，討厭做家務事，在心中仍然具有強烈的責任感及誠實性。即使配偶常埋怨，仍然還是可以保持夫妻間互敬、互諒的關係。

身為 O 型射手男的伴侶，也應該嘗試喜歡上對方的一些愛好，這樣兩個人就可以經常在一起共同享受溫情。

男女有別・O型射手女 —— 婚後多感慨

O型射手座的女性，必然會獲得額外的物質累積。雖然不主動開口，對方卻會毫不吝惜地贈與各類禮物。可是，O型射手女生性自由，結婚之後，往往會感傷婚姻的無味，從而把目光游離於家庭之外，這一點需要注意。不要因為這樣的感傷和輕佻被別有用心的人破壞了家庭，得不償失。

由於對外界很是嚮往，O型射手女也想跟很多人維持不變的關係，喜愛自由自在，不願受人束縛。即便處於經濟危機中，也拒絕成為按部就班的一員，喜歡按照本人的意志行事，況且，O型射手女有優秀的創造力，所以最不能忍耐簡單重複的工作。

事業・成功 —— 保持耐心會走上成功之路

O型射手座人天生愛好自由，不願看別人臉色行事。更不會對高高在上的主管屈膝。喜歡按照自己的意志行事，況且O型射手座人有豐富的創造力，所以最不能忍受重複做同一件工作，而且，還具有旺盛的精力及向上心，只要做自己想做的事，就有可能在短期內名利雙收。

強烈的上進心及高度的工作熱忱，使O型射手座人不致在經濟上過於拮据。最適合創造性的自由業，例如律師、作家、詩人及教師等。

第一節　火象O型人──
熱情、自信與行動力（白羊座、獅子座、射手座）

此外，射手座還具有得天獨厚的言語天分，再加上O型人多方面的社會性，O型射手座人也很適合民航部門、行政專員、櫃臺小姐、觀光導遊、語言教師、翻譯人員等職業。

如果出現了厭倦的情緒，O型射手座人也許會對一項工作半途而廢，這是O型射手座人最常見的毛病。當工作出現倦怠的情形時，最好能以耐心來完成它，如此才能走上成功之路。

星座達人指點

對O型射手座人的忠告

即使生性善變，也要有某種程度的轉變。否則朝三暮四，反覆無常，就會使自己失去信用。

錢財雖是身外之物，但是，我們卻必須藉著它生活，既不需特別排斥金錢，也不能不去賺錢，若是想過兩手空空的生活，也應避免自己被餓死。

如果愛上某個異性，而又不喜歡對方的約束，冷落並不是最好的辦法，雙方感情進展到一定程度時，也有必要表示關心，並學習配合對方，如此才能使對方有受重視的感覺。

切莫感情用事，婚姻不是兒戲，必須用心經營，朝著理想邁進。

保持輕鬆的心情去工作，無論多麼枯燥、乏味的工作，都應以愉悅的眼光發掘工作上的變化。

第二節
風象 O 型人 ——
智慧、變通與溝通力
（雙子座、天秤座、水瓶座）

1、雙子座（Gemini）

5月21日～6月21日

神話由來・象徵意義 —— 糾結的雙子心智

在埃及，雙子座的名稱為「孿子星」，是以這星座中最明亮的兩顆星卡斯達（Castor）和波利克斯（Pollux）命名，這兩顆星另外還有兩組名稱，分別為海克力斯（Hecules）、阿波羅（Apollo），特里普托勒摩斯（Tritolemus）、艾遜（Iasion）。埃及人觀念中的雙子座為幼童，而非一般常見的成人形象。

雙子座代表雙胞胎的兄弟，象徵二者心智上的連繫，以及兩個人對客觀環境的共識。

第二節　風象O型人——
智慧、變通與溝通力（雙子座、天秤座、水瓶座）

雙子座・解密 —— 婚姻特點、男女祕技

即使血型不同，所有雙子座的婚姻特點基本都是一樣的 —— 試驗式。

在婚姻上，雙子座永遠是具有探索精神的先鋒星座，願意為新式婚姻身先士卒，磨掉傳統沉重的稜角。他們不願意為了一點錢就把自己草草交付了事，更不會安心的看著愛情已經遠去，還守著婚姻的空殼。

雙子座寧願把一紙婚書拋到一邊，也要追求感情生活的品質，所以試婚便很容易成了雙子的首選。別看雙子座平常一副大大咧咧，沒心沒肺的樣子，在感情上，他們是寧缺勿濫的。

雙子座的婚姻態度雖然大體一致，但是性別不同還是有些差異的，誰是雙子男的誘惑星座？誰適合做雙子男的終身伴侶呢？

雙子男・星座瓜葛 —— 假意真情

雙子男 vs 處女女 —— 假意

雙子座總是向女孩子炫耀自己的知識廣博無人能及，來勾起女孩子的崇拜之情。但是遇見處女座，他們就大受打擊。因為處女座也同樣受水星守護，遇事思考的能力一點不比雙子座差，並且對知識的要求非常嚴格。她們會先接納雙

第二章　O型人12星座解析

子的炫耀,又同時將其批判得體無完膚。這種把妹時的艱辛感對雙子男來說是很大的刺激,令自己更加上進並且試圖征服處女座美眉。這種階段性的艱辛感會讓他們產生征服的衝動,雄性爆發,但因為害怕挫敗於是沒勇氣選擇與之長久生活。

雙子男 vs 水瓶女 —— 真情

愛好交際的雙子座經常會因為不同的應酬而逢場作戲,而身為他的另一半,首先要足夠理解雙子的交際需求,才不容易導致誤會。水瓶座也是交際非常廣泛的一族,並且交際範圍比雙子座還要廣,見的世面還要多,聰明的水瓶座甚至可以為雙子座提供很多有意義的社交經驗,幫助雙子座這個長不大的孩子用更加成熟的方式去處世,所以雙子座願意將水瓶女娶回家當賢助。

對雙子男的忠告:由於生活隨興,不喜拘束,因此離婚的情形很多,應特別注意。

雙子女・星座探祕 —— 增加魅力

足智多謀、八面玲瓏的雙子女因其女人的天性,游離不定的性格,即使血型不同,但是表現出來的魅力和行為卻大致一樣。

雙子女由於性格中具有雙重性,否定和肯定總是一起出

現,因此,建議對那些看不慣的行為最好不發表意見,免得惹人非議。

身為雙子女最值得期待的,也是女人所嚮往的,就是魅力無限,風采可人。

適合的相親對象:

(1) 射手座 他會為雙子女的生活帶來新的氣息。建立的家庭將是充實的、自由的和浪漫的。
(2) 天秤座 天秤座的男生有助於雙子女藝術才能的發揮,或者進入高層次的社會生活。
(3) 水瓶座 水瓶座男性會讓雙子女的生活內容發生精神上的變化。將經常出入知識界,結識學者和名人。

適合的相親裝扮:生性時髦的雙子女最適宜青春可愛的棉質裙裝,灑脫又時尚,又能強烈體現一人分飾兩角的雙子風格,讓人留下深刻印象。

適合的相親地點:KTV想必是雙子女首選,因為雙子女都是歌后,而且好處不止於此,如果雙方感覺不對,也可以靠唱歌來彌補,不至於那麼無聊。

對雙子女的貼心小叮嚀:相親的時候要多注意小細節,記得向妳的對立星座射手座學學她們不拘小節的大方性格,不要讓周圍的人覺得妳思想太過跳躍,而顯得浮躁!

第二章　O型人12星座解析

性格・氣質 —— 好奇心重，求知欲強

O型雙子座人性格的特徵就是多面行動型，這類型的人片刻也不能安靜，他們展現出來的就是活潑、開朗的個性。

本來O型人的氣質和雙子座的個性就有許多共同點，當O型和雙子座相融合時，這些共同點愈發顯得強烈了。O型雙子座人，好奇心很重，求知欲也很強，興趣更是廣泛。由於這類型的人具有積極的行動性，只要對某件事有興趣，便立刻展開行動。這樣一來常常會出現同一時間內企圖做許多事情的情形。

叵是，O型雙子座人對於事情，往往只能擁有五分鐘的熱度。熱度一退，對於事情完成與否便不在意，所以這類型的人，就成了樣樣都略懂皮毛，卻沒有一樣特別的精通。

O型雙子座人，對流行的動態很敏感，掌握情報也比其他類型的人快，而且他們很能接受新的知識。不管何時話題都很豐富，話題雖廣卻很淺略。所以，這類型的人雖然博學多才，但是最好能有一樣專門又完整的知識才會增加自己的實力。

O型雙子座人的另一個特性，就是不論何時都有兩個自我。一個好靜，一個好動；一方面逞強，另一方面懦弱。這是一種兩個極端同時並存於一個人的情形，他們容易被這種情形所迷惑。尤其是在做重要決定時，這種分裂的性格會使他們無所適從，結果往往是馬馬虎虎的亂下決定。

再者O型雙子座人，常同時進行兩件以上的事情，因此他們的注意力也容易被分散。在這樣的情況下，想做出正確的抉擇，那更是難上加難。

金錢・財運 —— 儲蓄是最大的經濟保障

O型雙子座人，不僅在工作上缺少耐性，在金錢方面，也是如此。

在賺錢的方式上缺乏耐性及努力，O型雙子座人即使已經有了完整的計畫方案，在實際行動中仍不免會遭遇失敗。

因此，O型雙子座人若是想經商致富，就必須選擇實踐來做歷練。大致地說，不適合獨立經營某種生意，但卻適合跟別人合夥。O型雙子座人，可以運用多方面的才能，同時經營多項副業。

但是，要切記一點，在經營副業時，千萬不可拋棄本行，把副業所賺的錢積蓄起來，到了中年才能擁有某種程度的財富，並且還保有一份O型雙子座人原來正常的職業，這也算是一份成功。

同樣的道理，O型雙子座人對積少成多，儲蓄致富的事最不感興趣了。一旦存錢到了某種程度時，心中便開始打那筆錢的主意，想用來盡情享受一番。所以，儘管也存錢，但並不會使存款急速增加，而且，存款總是在增減之間徘徊。

第二章　O型人12星座解析

愛情・心語 —— 冷靜的戀愛

O型雙子座人善於表現自我，並且能冷靜地約束自己的感情，即使身旁有許多異性圍繞，也不會隨便陷入愛的漩渦。由於如此的個性，年輕時和異性交往的態度大都是非常明朗、自由的。

但是，在年輕的時候，由於O型雙子座人多情且心情容易轉變，戀愛便很難成功，冷靜的態度不易和異性陷入熱戀的程度，即使發生了性關係，仍能和對方保持平淡如水的交往。他們認為這種戀愛方式不僅雙方不會因分手而傷心，日後也不會發生糾紛，牽扯不清。如果O型雙子座人能在年輕時就找到一位情投意合的對象，也許會產生天長地久的感情。只要雙方的想法及對事物的價值觀能互相溝通，如此相處在一起，便不會感覺無趣了。對O型雙子座人來說，戀愛是一種頗具意義的體驗。

O型雙子座人，戀愛時不會熱衷到放棄一切，反而會冷靜地處理一切，儘管如此，追求戀愛的意願及精力還是很強烈，只是比較不喜歡轟轟烈烈的戀愛方式。正因為戀愛時能保持冷靜，所以能把對方的一切看得清楚，猶如水晶球一般，明白地顯示出雙方的個性。

談戀愛時，O型雙子座人常會表現出忽冷忽熱的態度，讓人摸不著頭緒，這是因為兼具兩個自我的極端個性時刻處

第二節　風象O型人──
智慧、變通與溝通力（雙子座、天秤座、水瓶座）

在此消彼長的變化中，於是產生一時熱情地燃燒，一時又冷靜地結束的情形。這種善變的心理，常導致同時愛上兩個人，這並非代表O型雙子座人用情不專，只是內心存在的本性在作祟罷了。

O型雙子座人對異性及性愛的好奇心極為旺盛，並且毫不拘泥於兩性間的親密行為。所以，只要有了愛意，由愛慕之意而發生肌膚之親是相當自然的轉變。即使在發生性行為時，也不會因激情而忘卻自我，往往把這一切看做是性知識的實驗。

婚姻‧家庭 ── 精挑細選的婚姻伴侶

O型雙子座人具有卓越的判斷力及理解力，極少做出愚蠢荒廖而不自知的行為，什麼人適合當情人，什麼人適合當伴侶，他們是瞭然於胸的。

但是，在人生體驗不足的時期，O型雙子座人因熱戀的激情而結婚，這種過程雖然充滿了戲劇性，但如此的婚姻形態往往也潛伏了危險性。因為，熱情會逐漸冷卻，一旦熱情降到了冰點時，一切便來不及了。也就是說，對方的酒渦，現在看在眼中倒成了黑斑，結果，世界上便又多了一對怨偶。

為了不使婚姻因為了解不夠而導致失敗，在二十五歲以

前,對於婚姻還是多加考慮為妙。其實,O型雙子座人對婚姻並不是特別慎重,對婚姻生活也不太用心去經營。如果,O型雙子座人只因年輕時剎那間的激情而結婚,或者因被對方的熱情所迷惑而結婚,那麼,婚姻當然容易亮起紅燈。

不過O型雙子座人特別了解人類的自私心理,自我觀念極強,因此,選擇另一半時十分嚴格。會仔細考量對方的各種條件,例如,經濟能力,外表的吸引力、內在美等,諸如此類,在婚前都會有一番詳細的分析。即使是經由戀愛結婚,也不會在戀愛時盲目地喜歡對方。總不忘記以冷靜的頭腦來衡量對方。

O型雙子座人是經過冷靜的分析,直到看清對方的性格及態度,熟悉對方的身世及背景才會心甘情願地和對方攜手步入禮堂,相伴一世。如此的婚姻雖然缺乏熱情,戲劇性,但是,理性的思考卻足以使它順利維持下去。經過深思熟慮才結婚,一切都在自己的掌握中,會盡力組建一個明朗、開放的家庭。因此,O型雙子座人很少有婚姻失敗的例子。

男女有別・O型雙子男 —— 好動男

O型雙子男本身就是「多面行動型」。這類型的人片刻也不能安靜,他們展現出來的就是外向、好動的個性。本來O型的氣質和雙子座的個性就有許多共同點,當二者相融合時,這些共同點愈發顯得強烈了。

第二節　風象 O 型人——
智慧、變通與溝通力（雙子座、天秤座、水瓶座）

O 型雙子男對自己罩得住的人極力地袒護，而對對立方則非常地嚴防；對金錢和地位的執著往往會讓人無限敬佩，用錢時很大方，會慷慨地招待朋友，可以說是個熱情好客的人。

很專心，但也容易感到厭煩，最後反而變得沒什麼興趣可言。不是家庭主義者，故時常往外跑。一有假日就外出，但不是和家人出去，而是和同事、朋友一起出門。

男女有別・O 型雙子女 ── 玲瓏女

O 型雙子女是非常富有智慧和善於解決問題的，她們結交的人大都是和自己一樣出類拔萃的，至少都是眾人眼裡的焦點人物。這樣她才覺得自己有面子，有身分。

不和 O 型雙子女同一個級別，不能讓她欣賞的人，實際上她都懶得搭理。可是這樣優秀的人畢竟是極少數啊，於是身邊的人就被她無情的淘汰了大半。

有些人即使憑藉雄厚的財富征服了這樣的女子，但更嚴苛的要求在後面等著，除了聰明和能力外，還有言談舉止富有紳士風度，為人要溫柔體貼等等。

無論哪一項不足，都會很容易被眼睛厲害的她發現。誰讓她如此九面玲瓏呢？

第二章　O型人12星座解析

事業・成功 ── 勤奮和耐性最關鍵

O型雙子座人具有完全處理一切的才能，並且行動機靈、敏捷，有了這樣的優秀條件，無論從事任何行業，生活都不致於發生困難。

多才多藝，具備了廣泛的知識及敏捷的行動力，最適合富於變化的職業。需要應對能力及判斷能力的工作對O型雙子座人來說，無疑是如魚得水般輕鬆自在，假以時日，會有成功的一日。

但是只憑這些得天獨厚的條件，想獲得成功仍有一段距離。因為，努力、耐性及運氣是O型雙子座人一生成功的三大要素，不要顧此失彼啊！

O型雙子座人如果想要在事業上有所成就，首先就應加強自己的耐性及毅力，然後再加上百分之百的努力。

星座達人指點

對O型雙子座人的忠告

廣泛的興趣雖然對人有益，但是半途而廢的態度卻是行動時最大的缺點。

經營投機性副業的財運不佳，最好能避免，如果執意要選擇投機性的副業，那麼，就必須先有接受失敗的勇氣，買賣股票或賭博，難免會遭到失敗。

年輕時，如果只因一時的好奇心，就隨便和異性玩戀愛遊戲，注定會失敗。即使只是一場愛情遊戲，也應仔細挑選對象。

慎思敏行才能避免日後的悔恨。

三十歲時應堅定自己的目標，以後不要再任意更換已確定的目標，要立長志而不要常立志，這便是成功的要訣。

2、天秤座（Libra）

9月23日～10月22日

神話由來 · 象徵意義 —— 均衡的天秤

是希臘神話裡女祭司手中那個掌管善惡的天秤飛到天上而變成的。大約西元前 2000 年，此星座和巴比倫宗教主宰生死的審判有關，天秤是用來衡量靈魂的善惡之用。天秤座象徵著一種均衡和公正的中庸點。

天秤座 · 解密 —— 婚姻特點、男女祕技

即使血型不同，所有天秤座的婚姻特點基本都是一樣的——無性式。

天秤座有一個理由結婚，就有一萬個理由拒絕婚姻生活。或許人們會覺得天秤座很矛盾，孰不知天秤座寧願喪失

合法的性,也不願意放棄浪漫的暢想。

他們不願意自己的婚姻生活落於俗套,寧願投身於柏拉圖之中,享受無性式婚姻,讓婚姻徹底在意識中純潔,理想化。對於天秤座來說,結婚,源於幻想,離婚,也絕對不要傳統式離婚。

天秤座的婚姻觀念雖然大體一致,但是性別不同還是有些差異的,誰是天秤男的誘惑星座?誰適合做天秤男的終身伴侶呢?

天秤男‧星座瓜葛 —— 假意真情

天秤男 vs 白羊女 —— 假意

半溫不火的天秤座下半身其實是不太容易衝動的,並且因為吸引太多異性圍繞在身邊,天秤座很容易自戀以及沾沾自喜,可是一遇到白羊座女生便會覺得自己靈活的手腕很難派上用場。白羊座的急躁性格經常是有點強迫意味地讓天秤男下半身亢奮,於是白羊只要一出現,天秤男就願意放棄其他的機會趕緊抓牢與白羊女的激情一刻。

天秤男 vs 雙子女 —— 真情

在夫妻關係中,天秤男人人皆好的曖昧態度真的是很少有人可以接受的,要保持長久的關係,還是需要一個很懂得交際且能夠理解天秤男的女人在身邊。同樣交遊廣泛的雙子女不光可以做到,並且轉得飛快的大腦可以為他們的生活帶

來無限樂趣。多重的人格角色還會漸漸把天秤男的人際交往能力提高，可以讓天秤男從雙子女身上就演練到跟不同的人交往的方式，簡直是個貼心又另類的賢內助。

天秤女・星座探祕 —— 增加魅力

優雅多彩的天秤女因其女人的天性，中庸的立場和難於定奪的性格，給人的印象總是和藹可親。即使不同血型的天秤女，對青春的魅力和優雅行為的追求卻是大致一樣的。

適合的相親對象：

(1) 白羊座：白羊男很容易對天秤女傾慕。只要彼此傾心相與就會幸福。

(2) 雙子座：雙子男性會對天秤女產生好感。他妙趣橫生，海闊天空和富有超級幻想色彩的談吐會把天秤女帶入一個夢寐以求的境界。

(3) 水瓶座：水瓶座男性也會對天秤女產生真摯的感情和愛的壯舉。

適合的相親裝扮：時尚的天秤女，在相親的時候並不需要顯得太過時尚，嫵媚的紫色系，能夠很好的體現乖乖女的模樣！

適合的相親地點：一場好電影，一家好的電影院是適合於天秤女相親的，因為單是這一場電影就足以看出你們是不是志趣相投了。

第二章　O型人12星座解析

貼心小叮嚀：相親的時候別忘了要多點熱情，記得向對立星座白羊座學學她們開朗的處事風範，想必加分多多。

性格・氣質 —— 溫柔的和平主義者

O型天秤座人性格及氣質上最大的特徵，便是優異的唯美意識，無論任何事情，都想追求美好的一面。

O型天秤座人是美的追求者，特別厭惡和別人爭吵，被人激怒後，在大庭廣眾下露出怒容，對O型天秤座來說是無法所接受的。

天秤座原來就是「均衡」的星座，天秤座絕對不會走極端，也不會拘泥於固執的想法中，況且，O型本來就是富有彈性而且冷靜。因此，可以說O型天秤座人都是溫柔的和平主義者。

通常O型天秤座人給人的第一印象相當好，這是因為O型天秤座人，天生就知道取悅別人的方法，而且，本身也很懂得待人接物的禮節。

O型天秤座人做事情絕不會拖泥帶水、猶豫不決，這是O型天秤座人最明顯的特徵。正因如此，O型天秤座人的周圍隨時都聚集了許多人。和社交界的士紳、淑女們一樣，熱愛快樂而和諧的生活，但是，聰明的O型天秤座人往往能明白急流勇退的時機，不會一直沉溺在其中。

第二節　風象 O 型人——
智慧、變通與溝通力（雙子座、天秤座、水瓶座）

不過，一味注重唯美，就容易變成粗俗淺薄，只注重外在形式的人。O 型天秤座人厭惡勞苦的事，以致逐漸形成好逸惡勞的性格。如果這種性格強烈地顯露出來，就會使自己變成令人討厭的輕佻型人物。

由於 O 型天秤座人在做某一件事情的時候，只想平穩地完成，所以顯得缺乏積極性，甚至會出現草率馬虎的態度，另一方面，不願使別人不快樂的想法非常強烈，這種意念經常存在 O 型天秤座人心中，所以他們在有意無意間都易於討好別人。即使不是故意要說違背心意的奉承話，潛意識裡還是表現出討好的一面。

O 型人有許多是黑白分明的，但這種極端性對天秤座來說，就很棘手了。因此，O 型天秤座人，大約可分為兩種，一種是老牛拉車、猶豫不定型；別一種則是是非分明型。這兩種處世態度，也有並存的情形，在這種情形下，O 型天秤座人會根據當時的情況來選擇自己的反應。

金錢・財運 —— 財運平平，量入為出

O 型天秤座人財運平平，沒有得天獨厚的好運，卻也不至於被窮困的生活壓得喘不過氣來。這種不強也不弱的運勢，恰好可維持一般水準的生活。

對於從事副業，或者做點小生意，他們很多時候還是不

屑一顧的,寧可抱著現有的飯碗,安心於目前的經濟狀況。

O型天秤座人不太在意經營自己的資金和財富,所以,生活上總難免會有經濟拮据的時候。但是,即使在這種情況下,O型天秤座人那根深蒂固的審美意識,也不容許為了賺取微薄的金錢,而弄得狼狽不堪。

由於虛榮心作祟,即使生活十分勉強,仍想有一流的穿著打扮。假如天秤座喜好奢侈的氣質強烈地表現在O型人氣質之上,生活也就變得痛苦不已了。

儲蓄雖然是最平凡的生財之道,但是只要能確實控制每天的收支,多少能收到一些效果。不要好高騖遠,若是花費盡量控制在能力範圍之內,就會有不錯的生活。

愛情・心語 —— 浪漫華麗的愛情

O型天秤座人戀愛起來彷彿中世紀那些上流社會的貴婦人,充滿了浪漫且華麗的色彩。即使以第三者的身分介入戀愛中,也會把戀情點綴得令人嚮往,如此的戀情,也許會成為人們茶餘飯後閒談的話題。

具備吸引異性關心的特性,這是O型天秤座人很大的特色,既有豐富的話題,又有生動的談話技巧,還會巧妙地安排約會時間,抓住時機表現自己的社交能力和魅力,這其中的任何一項,都能輕易地引起異性的注意。

第二節　風象 O 型人 ——
智慧、變通與溝通力（雙子座、天秤座、水瓶座）

O 型天秤座人在做內心感情的表達時，也可分為兩種類型，當 O 型人是非分明的氣質較強時，就會單刀直入地進攻；若是猶豫不決，缺乏果斷的天秤座氣質較強，就會表現出若即若離的態度，使對方焦躁起來。

大致來說，O 型天秤座人的愛情是「等待的愛情」，很少主動追求異性，總是安靜地等待把感情的火苗點燃。相信自己的魅力，只要點燃了感情的火苗，就能使它燃燒起來，O 型天秤座人無論男女，對自己都有十足的信心。

和華麗、浪漫的戀愛相較之下，O 型天秤座人在性愛方面，就顯得保守多了，重視平衡而擔心迷失自己的你，深怕被別人束縛住，因此，那種纏綿悱惻的親密關係，對 O 型天秤座人來說，反而是精神上的負擔。

然而，如果跟心愛的人，在浪漫的氣氛下，也許就不會矜持了，例如，在海邊的豪華餐廳共進燭光晚餐後，和情人在現代化的旅館裡狂歡相聚一夜，唯有在這種浪漫的氣氛中，O 型天秤座人才會盡情地享受性愛的樂趣，尤其是 O 型天秤座的女性。

婚姻・家庭 —— 尋找家庭生活中的均衡感

對 O 型天秤座人而言，結婚是一件意義非凡的事，單身時，沉醉在愛情的樂趣中，最喜歡和異性在情場上玩弄戰術。但是，面對結婚的問題，就會以認真的態度做思考。

第二章　O型人12星座解析

　　一旦到了適婚年齡，O型天秤座人就會有強烈的結婚意願。他們並不是早已有了對象，或是因時機成熟而結婚，只是在意長時間的單身會引來奇異的眼光，這是為了擺脫單身生活而結婚罷了。這種為結婚而結婚的情形，在O型天秤座人中相當普遍。他們會利用現實的條件來選擇最好的配偶，所以，當他們和已經訂下婚約的人閒話家常時，腦中卻往往正盤算著對方的未來發展。

　　O型天秤座人所選擇的婚姻，多半不會遭到親朋好友的反對，相反地大都是帶著眾人的祝福才走進禮堂，對自己的婚姻相當篤定，信心十足。

　　O型天秤座人婚後也許會成為熱愛家庭、熱愛工作的丈夫或妻子。婚後也會留意自己的裝扮，並且活用與生俱來的美感來裝飾家中，就周圍的人來看，他們擅長建設美麗而具有現代感的家庭。

　　事實上，O型天秤座人對家庭的意識很薄弱。此類型的男性即使結婚好幾年了，也會想繼續追求年輕的女孩，甚至還有金屋藏嬌的例子；此類型女性，也絕對不願做個滿身銅臭味的老闆娘。但是，正因為具有極大的均衡感，所以夫妻間很少會產生決定性的嚴重分裂。再者，又因為很重視別人評價，假如錯不在己，有時也會天真地低頭認錯。

　　O型天秤座人無論男女，依賴心都很強。

男女有別・O型天秤男 —— 極具唯美意識

O型天秤男性格及氣質上最大的特徵,就是優異的唯美意識。此外,他高超的談話技巧,也使接觸他的人不會感到厭煩。不過,一味地注意唯美,使他相當重視外在形式,也形成他好逸惡勞的性格,在工作上欠缺積極的態度,使人認為他是個粗俗淺薄的傢伙。

被視為「社交天才」的O型天秤座男,很意外地,在愛情方面卻相當被動。由於他們自恃品味高尚,認為應該可以不費吹灰之力,對方就會主動送上門,加上非常注重外表,如果對方未達標準,也一樣拒絕往來。

然而,在情場上從不主動出擊的他們,一旦墜入情網,以前的理性將消失殆盡。奉勸在愛情裡經常會失去理智的O型天秤男,不要被為外表所惑,也切忌因過度投入而忽略其他事。

男女有別・O型天秤女 —— 賢內助

O型天秤女頗有惹人注目的魅力,愛情則是她們生活中至關重要的大事。

O型天秤女性格脆弱而溫柔,容易相處,有些自我陶醉。生活上完全依靠丈夫,希望他能承擔生活中的一切責任。當O型天秤女獨自一人的時候,會感到茫然若失。通常

這種情況不會持續很久,她們就會找到體貼、關心自己的知己或好朋友。

O型天秤女優雅的風姿會觸動人們的心弦,使人們產生深情和好感。這是一個理想的家庭主婦,O型天秤女能緩衝和調解任何矛盾與糾紛,為家庭生活帶來歡樂和平靜。但必須不斷得到丈夫對自己的感情,關懷備至、體貼入微,才能牢牢地擁有O型天秤女,還要用永恆的溫情去滋潤那顆愛的心靈。

事業・成功 —— 注意發揮交際能力特長

O型天秤座人並不是十足的工作狂,如果成功的祕訣是努力的話,也許他們永遠沒有成功的機會,O型天秤座人的努力總是稍有欠缺。

儘管如此,O型天秤座人卻不會一直停留在失意的路上,只要能掌握周圍的情況,充分發揮自己天賦中的敏捷性,就不會成為落後者了。

由於O型天秤座人深諳運用交際手腕之法,因此,消息非常靈通。只要正確處理情報,就可以減少錯誤的發生,能夠做到這種地步,才能彌補努力不夠的缺點。

無論從事何種職業,在何種職位,都能巧妙地發揮交際手腕及爽快的個性,如此一來,受人歡迎就成了O型天秤座

第二節　風象 O 型人——
智慧、變通與溝通力（雙子座、天秤座、水瓶座）

人最大的優點了。

　　只要是能充分發揮美感的職業都很適合 O 型天秤座人。例如，設計師、美容師、流行顧問。因為擅長計算，稅務人員、會計師也能勝任。擔任公務員，程式設計師等也很理想，如果能善加利用社交能力，也可嘗試外交官、業務員或活躍於演藝界。

星座達人指點

對 O 型天秤座人的忠告

　　如果過於擔心惹人討厭，就會變成只注重表面功夫的人，以這樣的態度與人交往，也會顯得不夠自然。

　　若是在意別人眼光，就會破壞自己平穩的財運。最應該注意的事情，就是別為了面子，而在別人面前裝闊。

　　過於在意別人的看法，容易變成只重表面功夫的草率戀情，只有培養看清對方的能力，才能使自己避免受到傷害。

　　如果想在婚後擁有樸實的家庭生活，就必須先改掉自己愛好奢侈的習慣及怠惰的個性，此外，還需保持自己的獨立性，避免過分依賴別人，以免帶給別人心理上的壓力。

　　世界上沒有不勞而獲的事，雖然看似輕鬆的工作，也必須付出相當的代價才能成功。

3、水瓶座（Aquarius）

1月20日～2月18日

神話由來・象徵意義 —— 智慧的水瓶

特洛伊的王子甘尼米德（Ganymede）是個黃金般的美少年，有一天他在牧羊時，突然被宙斯（Juze）變成的老鷹捉到奧林帕斯（Olympus），負責嫁給海克力斯的西碧公主原所擔任的斟酒工作。在古代的羅馬，當太陽的位置在這個星座的第一個月為雨季，所以定名為水瓶。

水瓶座（也稱寶瓶座）指的是重生之水和智慧的泉源之意，常被稱為「天才星座」或「未來星座」，是近神星座之一，代表神的思想。

水瓶座・解密 —— 婚姻特點、男女祕技

即使血型不同，所有水瓶座的婚姻特點基本都是一樣的 —— 走婚式。

這個定義似乎讓瓶子的形象過於放浪，但把瓶子拘泥在一個固定的框架裡，並且判處其終身監禁，的確不太人道。

瓶子注定是飄泊的，在婚姻問題上，瓶子的現代化前衛思想煙消雲散，最原始的婚姻狀態反而變成瓶子的首選。當然，也有很多瓶子渴望婚姻，只可惜他們也許並不把婚姻作

第二節　風象O型人——
智慧、變通與溝通力（雙子座、天秤座、水瓶座）

為一個終點站，最多是一個加油站罷了。

水瓶座的婚姻觀念雖然大體一致，但是性別不同還是有些差異的，誰是水瓶男的誘惑星座？誰適合做水瓶男的終身伴侶呢？

水瓶男・星座瓜葛 —— 假意真情

水瓶男 vs 獅子女 —— 假意

如果說12個星座裡面的10個星座女都無法融化水瓶座的冰冷，那可以做到的這一個就是獅子座了。其他的10個星座都很迷戀水瓶座的另類與大智慧，而獅子女卻完全不吃這一套，恰恰相反，獅子女就是「傻」也要傻到徹底，張揚的獅子女不想用任何理智的態度束縛自己的光和熱，水瓶男會因為這種無法抵抗的熱情將獅子女帶上床，卻懼怕自己的熔化而不敢將其娶回家。

水瓶男 vs 水瓶女 —— 真情

水瓶座雖然盛產不婚主義者，但是他們卻很容易產生孤獨感，水瓶很需要一個與自己的精神共同成長的革命夥伴。他希望他們之間可以絕對的平等，擁有同樣的高智商以及闖蕩世界的願望……若要滿足此類需求，只有水瓶女是也。只有水瓶女可以給予對方隨時需要的個人空間，她們可以接受對方的忽然離去，甚至可以接受結婚後兩人各居一室的生活方式。所以水瓶男假如要結婚的話，還是願意找自己的同類。

水瓶女‧星座探祕 —— 增加魅力

標新立異的水瓶女因其女人的天性，自命不凡的性格，給人的印象總是過分冷靜和理智，其實她們還是有一定程度的頑固性的。

即使不同血型的水瓶女，對個人的魅力和對打扮的追求卻是大致一樣的。

適合的相親對象：

(1) 獅子座：獅子男會對水瓶女產生好感，對事業有共同的願望和共同的追求。

(2) 雙子座：雙子男的求知欲和真誠的友誼，會打動水瓶女的心弦。會在志趣相投之中和諧地生活。

(3) 天秤座：天秤男的靈感和對美的嚮往和水瓶女能夠激起愛的火花。

適合的相親裝扮：有漂流氣質的水瓶女，是常被人稱許的氣質美女，在輕巧的藍白色調洋裝上加些小搭配，會使得水瓶女看來既知性又感性，倍受青睞。

適合的相親地點：有品味的展覽館是很好的約會地點，尤其是追求精神上契合的水瓶女更能透過一場展覽看出對方和自己的思想是否合拍，以便確立下次機會。

貼心小叮嚀：習慣我行我素的水瓶女，在相親的時候記

得向對立星座獅子座學學四面照應的女主人風範,會增添許多的魅力。

性格・氣質 —— 活學活用,有創意

O型人原來就有多面的社交性,不會使周圍的氣氛顯得沈悶,再加上個性派的水瓶座,這種人的人際關係當然相當好了。雖然O型人另外還有現實主義的傾向,那不一定就是絕對的,O型水瓶座人,只要不破壞自己和別人的協調性,就能更活用人際關係。

這類型的人還富有創意,他們能注意到別人沒有想到的地方,這種特性使O型水瓶座人在現實生活上時常會有意外的發現。那種原先也許毫不搶眼的事物,經過他們靈活運用之後,將會成為了不起的變革。若是和這種人相處在一起,每天的生活都很快樂而且富有變化,可是有些時候這種人古怪的行動,也會讓人大吃一驚。

這類型的人性格爽快,能帶給周圍的人良好的印象。所以和他們分開時會感到依依不捨,和他們離別後更會想念他們。他們很重感情,珍惜每一個接近自己的人,但是他們也有看不清事情,缺乏果斷力的缺點。這就是O型水瓶座人的優點和缺點。

O型水瓶座人無論處於哪種情形下,都保持著「實事求

是」的原則,絕不打馬虎眼。即使激烈辯論,即使被他人批評為頑固的人,他們也會追求事情的真實性。這類型的人雖然外表容易激動,內心卻能保持冷靜,他們能用理性來約束自己的言行舉止。

O型水瓶座人是真實的理想主義者,這類型的人即使隨心所欲地過日子,也絕不會浪費生命。他們只不過想要毫無錯誤地透過現在,正確地看透未來。

O型人的現實主義和水瓶座的理想主義,能在矛盾中融洽相處,這就是O型水瓶座人表現出來的獨特氣質。

金錢・財運 —— 經濟不寬裕,注意有效使用

O型水瓶座人不會執著於金錢,不熱衷於儲蓄。對親朋好友從不吝嗇,甚至還會傾囊相助。另一方面,如果是為了工作或興趣,O型水瓶座人也會毅然不惜花費巨資,只求更完美的成果。

從外表來看,O型水瓶座人似乎是毫無計畫地亂花錢,但事實上,經手的錢財將來一定能獲得回饋。雖然手頭並不寬裕,便卻有一門卓越的技術和幾個知心好友,這些都比金錢更可貴。

O型水瓶座人對於金錢和社會地位並不嚮往,也不會低階地追求物質的享受,因此,O型水瓶座人頗能安貧樂道。

O型水瓶座人不必為了錢而發愁，倒是應該擔心自己的人際關係是否良好。錢財乃身外之物，總是在四周流動著，唯有利用它廣泛投資，才是致富之道。

年輕時期，O型水瓶座人不需注意儲蓄，應有效地使用金錢。如此一來，等到上了年紀之後，無論在工作上，或是人際關係上，都能收到好結果，擁有一筆穩定的財富。對O型水瓶座人來說，想獲得豐富的財富，只有靠這種方式了，財運並不是很好，但卻有兩項贏得財富的本錢——技術和朋友。

愛情・心語 —— 極富浪漫和自由的愛情

O型水瓶座人戀愛時極為浪漫，並且經常希望自己能沉浸在自由的氣氛裡。選擇對象時，不會盲目行事，重視對方的興趣及快樂。

儘管精挑細選地尋找對象，可是O型水瓶座人並不很在意雙方身分的差異，認為只要有了愛，其他便一切迎刃而解。音樂會、劇場、美術館都是不錯的約會地點，況且，欣賞藝術品有助於提高兩人的愛情生活品味。

O型水瓶座人對愛的表現很巧妙，往往有別出心裁的點子，而且關心約會時的裝扮，也會選擇有趣的事聊天，和他們談戀愛絕對不會感到沉悶。

O型水瓶座人對於表達愛意的方法非常明顯，會直截了

當地說出喜歡或不喜歡。最無法忍受的便是和討厭的人拖拖拉拉交往很久。若是被對方拒絕了，為了不讓人看見自己悲傷的一面，總是偽裝成若無其事的樣子。

Ｏ型水瓶座人戀愛時並非缺乏現實性的夢幻故事，除了重視對方給予自己的感覺以外，也會考慮到對方是否有利於自己，彼此是否談得來？對於「討厭」或「喜歡」，都能清楚地表達出來。

Ｏ型水瓶座人性慾並不強，外表看似充滿激情，但內心卻格外地清醒。善於使用愛的技巧以取悅對方，在彼此相逢的那一刻，就已經找出兩人的共通性，所以，不必藉助性生活來提升愛情。對於床第之間的甜言蜜語，和發生性關係之後的情形，都感到滿足。十分注意房間的燈光，希望盡量培養出浪漫的氣氛。因此，在性愛方面，算不上是個勇敢的冒險家。但水瓶座具有極端的反抗性，如果表現在性愛方面，則Ｏ型水瓶座人的形象，就會遭到破壞。

綜合Ｏ型人及水瓶座兩者的特徵，使得Ｏ型水瓶座人在性愛上表現得十分神祕，既熱情又冷靜又注重情趣。

婚姻・家庭 ── 過於理智的婚姻生活會帶來不安

Ｏ型水瓶座人在戀愛時就已經冷靜地觀察對方，所以，一旦論及婚嫁就不會迷迷糊糊了。只是，Ｏ型水瓶座人往往

第二節 風象 O 型人——
智慧、變通與溝通力（雙子座、天秤座、水瓶座）

過於理性，因此，婚後雙方的感情仍然沒達到沸點，甚至會對婚姻形式的繁瑣及婚姻生活的現實感到厭煩。

O 型水瓶座人的婚姻，必須像朋友之間的感情，平平淡淡的，才能逐漸培養出愛情，但是，在過於理智的情況下，對婚姻可能會略感不安。

O 型水瓶座人除了重視對方目前的情況之外，也很在乎對方的將來。因此，必須經過各種角度考慮之後，才會真正做決定。這樣的婚姻，因為認清了對方而減少了錯誤，但重視現實的結果使婚姻少了那麼一點熱情。

O 型水瓶座人家庭運氣可說是甚佳，原本就很重感情，所以會尊重配偶及孩子的人格。由於隨時都會處理好人際關係，這種性格如果能淋漓盡致地表現在生活中，就能形成和諧的夫妻關係及人際關係。

假如家庭內發生糾紛，O 型水瓶座人也會充分發揮第六感及判斷力，果斷而成功地處理一切，很少會把家庭問題拖延著而不處理。

O 型水瓶座人的婚姻生活絕不呆板，隨時保持家庭的新鮮感，思想自由而奔放，時時都想翻新生活的花樣，基於這種心情而組成的家庭，必定隨時都保持著一定的新鮮度。家庭天天都有快樂的氣氛，毫不沉悶，夫妻及子女之間的關係非常和諧，是個令人羨慕的模範家庭。

但是，O型水瓶座人也可能偶爾突發奇想，使家人不知所措。例如，忽然開始熱衷於某種事物，變得不太照顧家庭。甚至離家數日方歸，使家人感到不安，事實上，家人用不著擔心，因其重感情的天性及熱愛家人，只要想到這一點，就會主動回家了。所以，總括來說，O型水瓶座人是個標準的好丈夫或好妻子。

男女有別・O型水瓶男 —— 優柔寡斷

O型水瓶男有魄力，有實際能力，是企業重點培養的對象，經常被安置在重要的職位上，成為部門的領頭人或者技術權威。最大的缺點是有時猶豫不決，不能自己做出決斷。這樣的處事風格很難擔任管理職位，如果能克服優柔寡斷的毛病，憑藉平日裡的人脈和專業技術的傑出表現，一定會成為企業裡舉足輕重的管理者。

如果O型氣質很強，表現在工作中就是認真負責，事業心強。如果水瓶座氣質占上風，就會出現做事缺乏果斷，猶豫不決，考慮也欠周全，這對事業上就會有很大的影響。二者結合在一起時，就會導致O型水瓶男行為的不同表現形式。

記住，O型水瓶男面臨重大問題時不要想得太多，多思多慮導致一些靈感也跟著消失，在工作中不如做事再果斷些，想好的事就下定決心去做就好，不要有太多的遲疑。

不過，O型水瓶男的魄力和實際能力是大家有目共睹

的。因此，對他們而言成長的良策是：在工作中多一些果斷力，少一些猶豫，看好的事就去做，事業上才會有大發展。

男女有別・O型水瓶女 ── 個性十足

O型水瓶座女是敢愛敢恨的，她們往往想怎麼愛就怎麼愛，不會忌憚是不是背離世俗的規範，婚外情也好，姐弟戀也好，只要感覺來了，她們都會個性張揚地接受。

她們深具個性美，被她們看上的男人往往很難逃出她們精心編織的愛情網。

可是O型水瓶女又是熱情很快消逝的一類人，也許一段時間之後，就會反思自己當初怎麼那麼熱戀對方，然後就是斷然地分手。

O型水瓶女不僅戀愛經驗豐富，她們也非常重視友情。當O型水瓶女與人交往時，她們會注意對方的立場、個性、健康狀態、經濟狀況。總之她們會注意所有的事情，並且努力使對方沉浸在最自由的氣氛裡。反過來說，她們也希望自己能隨時保持自由的心情。

事業・成功 ── 人脈旺盛，幫手眾多

O型水瓶座人最擅長自由的想像及獨創的設計，旁人眼中平凡的事物，在他們看來可能是十分新鮮的，往往能組合許多小東西，成為一項大發明。

O型水瓶座人還有另外一個優點,那就是無論何時都能帶動周圍人的情緒,使氣氛更為活潑,甚至讓別人感到生存是極具價值的。因此,O型水瓶座人的周圍隨時都聚集了許多人,可以做為他們的幫手,在工作上或事業上更容易施展才華。

O型水瓶座人厭惡時間及精神受到束縛,不但討厭獨裁的上司,更討厭「為五斗米而折腰」的職業。對於必須一板一眼服從規定的工作,會感到厭煩難耐。

O型水瓶座人原本就是個頭腦靈活的人,擅長跟人保持良好的關係,並且將這種良好的人際關係運用在工作上。但是,如果水瓶座激烈的個性強烈地表現出來,也許會發生跟人爭執的場面。

藝術家、作家、醫生、發明家、節目主持人、科學家、律師、飛機駕駛員,都是很適合的職業,作詞家、天文學家也極適合,只要發揮出特有的想像力及獨特的設計,成功必是輕而易舉。

星座達人指點

對O型水瓶座人的忠告

對待周圍的人要用博愛精神,平等地對待他們。千萬不要對人有差別待遇,尤其對討厭的人更要維持基本的禮貌。

錢財千萬別放在身邊,注意儲蓄,這便是增加財富的方法。

戀愛時沒有必要把對方當做偶像一樣崇拜,放棄對性愛方面的矜持,也許能獲得更大的快樂。

豐富的想像力及表現力,雖能帶給家人生活的新鮮感,增進情趣,但需適可而止,以免家人疲於應付。

第三節
水象 O 型人 ——
感性、直覺與深層情感
（巨蟹座、天蠍座、雙魚座）

1、巨蟹座（Cancer）

6月22日～7月22日

神話由來・象徵意義 —— 外剛內柔的巨蟹

巨蟹座最早出自於巴比倫的傳說。在埃及，這星座的象徵為兩隻烏龜，有時被稱為「水的星座」；有時又被稱為 Allul（阿璐兒，一種不明的水中生物）。可見這星座和水關係之密切，但詳盡的傳說卻已散佚。

巨蟹座象徵著善於滋養別人及保衛別人或自己。它有著很堅強的軀殼，但是它的內在都是纖細、敏感而且柔弱的。

第三節　水象 O 型人──
感性、直覺與深層情感（巨蟹座、天蠍座、雙魚座）

巨蟹座‧解密 ── 婚姻特點、男女祕技

即使血型不同，所有巨蟹座的婚姻特點基本都是一樣的 ── 傳統式。

無論時代變化得如何迅速，巨蟹座還是渴望傳統的婚姻，一個愛或者有點愛自己的伴侶。一個溫暖或者有點沉悶的家庭，巨蟹座永遠需要一個空間是屬於自己的，即使只是在法律上。

巨蟹男在婚姻中並不追求完美，他們可以犧牲自己的感受，可以犧牲浪漫的氣氛，卻不會犧牲婚姻。或許一些豪放派覺得巨蟹座對婚姻的態度過於勉強，但巨蟹座卻在圍城裡矢志不渝。

巨蟹座的婚姻觀念雖然大體一致，但是性別不同還是有些差異的，誰是巨蟹男的誘惑星座？誰適合做巨蟹男的終身伴侶呢？

巨蟹男‧星座瓜葛 ── 假意真情

巨蟹男 vs 天秤女 ── 假意

巨蟹男其實對你儂我儂的甜蜜戀情是很嚮往的，但是又很小心翼翼，雖然心裡很想聽到情人對自己的甜言蜜語，但是自己不去表達，所以常常也得不到期望的回應。但是天秤女生來就很會討人歡心，她們與人交往時很會從對方角度去

思考,總是會用很巧妙的方式瓦解巨蟹心裡的小疙瘩,給予他們想要的回應,巨蟹男便會迅速燃起不為人知的激情。

巨蟹男 vs 金牛女 —— 真情

巨蟹男很敏感,在外打拚時很容易因為一些小事而思前想後,產生不必要的擔心。那麼家裡就很需要一個金牛座這樣的女生來幫助穩定巨蟹男的情緒。金牛女思考問題很穩重並且有條理,她們會幫助巨蟹男過濾掉不必要的困惑,抓到問題重點,一步一步把問題分析解決。巨蟹男因此感到十分踏實。並且金牛座重視家居生活,金牛女又很會做一手好吃的拿手菜,令巨蟹男傾心不已,因此願意將金牛女娶回家。

巨蟹女・星座探祕 —— 增加魅力

保守謹慎的巨蟹女因其女人的天性,防禦意識強的性格,給人的印象總是溫文爾雅的,看起來更像是賢妻良母的典型星座。

即使不同血型的巨蟹女,天生的愛美和對打扮的追求卻是大致一樣的。

適合的相親對象:

(1) 魔羯座:魔羯座男生會理解巨蟹女的願望,帶給她所需要的安慰和愛。

(2) 雙魚座:雙魚座的男生和巨蟹女一定是情趣投合的搭配。

(3) 天蠍座:天蠍座男性的狂熱愛慕,也會讓巨蟹女很沉醉。

第三節　水象 O 型人──
感性、直覺與深層情感（巨蟹座、天蠍座、雙魚座）

適合的相親裝扮：溫柔多情的巨蟹座穿著吊帶裙就很適宜，也很能改變臃腫的外在感覺，顯得輕盈浪漫，造型 100 分！

適合的相親地點：有特色的小餐廳就很適宜巨蟹們溫和的母性化風格，溫暖而且柔和，會使對方好感倍增。最好再聊聊烹飪，想必對方會被這賢妻良母的形象所迷倒！

貼心小叮嚀：相親的時候要多留意對方感受，記得向妳的對立星座魔羯座學學她們務實的處事風範，那妳必然是魅力女人百分百了

性格・氣質 ── 與生俱來的防衛性格

O 型巨蟹座人平日表現出溫和被動的姿態，可是一旦遇到問題，就會表現出激烈的自我防衛性格，具有強烈的惻隱之心，感受特別敏銳，能清楚地分辨敵人或夥伴，這就是 O 型巨蟹座人與生俱來的特性。

O 型巨蟹座人是典型熱愛生活的人物，絕對不會產生與現實生活脫節的想法，儘管感情很豐富，卻不會流於空洞的理想主義，這或許是由於 O 型人氣質的緣故，所以 O 型巨蟹座人也傾向於實利主義。

O 型巨蟹座人的價值觀及行為準則是一致的，在現實生活中的適應能力甚佳，絕不會反抗現實情況。換句話說，若

現實生活情況改變,他們也會隨之改變,如果現實生活沒變,也不會想主動改變現狀。總之,絕對不會因環境產生變化,而感到無所適從。

O型巨蟹座人遵守世俗的觀念和傳統的生活形態,這當然是一種保守的生存方式。基於這種觀念,O型巨蟹座人總是逐漸摒棄生活中許多已無價值的習慣,這類習慣多半是對現實毫無作用的行為。

O型巨蟹座人對勢力範圍的界限區分得一清二楚,很討厭別人闖入自己的生活領域中,在潛意識裡把自己的生活領域規劃出來,自己就成為這個範圍內的主宰。對屬於自己勢力範圍的親友相當照顧,但是對於範圍外的人,則顯得異常冷淡,吝於付出自己的感情,因此,O型巨蟹座人待人的方式全是基於敵人及夥伴的分別,而以不同的態度來面對他們,防衛性格十分突出。

金錢・財運 —— 卓越的投資者

O型巨蟹座人對金錢具有特別擅長的洞察力,只要以自己的意志來運用金錢,便不會失敗。天生對不動產有特別的好運,與其說很會賺錢,倒不如說對金錢運用得當。

O型巨蟹座人雖然屬於儲蓄型,卻擅長把積蓄下來的錢,加以巧妙地利用,使金錢有如滾雪球一般愈來愈多。

第三節　水象 O 型人──
感性、直覺與深層情感（巨蟹座、天蠍座、雙魚座）

假如在金錢上有了損失，必定是因為中途有人介入，O型巨蟹座人對於錢財具有強烈的洞察力，對於人卻沒有如此的能力。最常犯的錯誤，就是過分信賴別人，甚至委託別人管理金錢的運用，因此，常有受騙的可能。

如果 O 型巨蟹座人多注意自己，多想想別人的經驗，能知人善任，如此在中年之後，事業必定會有一定的成就。投機性的事業，最好少碰為妙，除非對某種投機性事業有深入的了解，並且有成功的十足把握。

同時，在投資具有風險的事業之前，必須先徹底分析自己所獲得的資訊，有了正確的資訊，才能增加自己的勝算。

愛情・心語 ── 嫉妒心強烈的占有式愛情

O 型巨蟹座人在戀愛時雖然相當的熱情，但不屬於明朗的戀愛類型，同時，也無法一個接著一個的更換異性朋友。

戀愛中的 O 型巨蟹座人會變得比平日更為謹慎，盡情地熱情洋溢，卻也不是存心縱情風流的人。在對方態度尚未明朗化之前，總是刻意地保持一段距離，不輕易墜入情網，這情形對 O 型巨蟹座的女性來說尤其明顯，經過一段時間，雙方已陷入熱戀中，接下來的發展便極為自然了。

O 型巨蟹座人對戀人照顧得無微不至，不是那種在短期內散發所有感情的激情派，最喜歡的方式是慢慢用深情來拴

住對方的心,直到對方感到有壓迫感為止。這是典型的溫柔陷阱方式,一旦和不領情的人相遇,就不免要為情所困了。

O型巨蟹座人獨占欲和嫉妒心都非常強烈,甚至不容許對方對其他異性有些稍微的關心,不僅如此要求對方,同樣地也如此要求自己。

這究竟是幸或者不幸呢?O型巨蟹座人會有祕密戀情的傾向,所謂祕密戀情,就是指愛上已婚者這類不正常的戀愛。或許是具有戀父情結或戀母情結的緣故。

O型巨蟹座人一旦確認了對方的愛,便會迅速地發展到戀愛關係。對性的需求是激烈的,所以,只要和對方發生了親密的關係,就控制不了內心的激情。

但是,這並不意味著O型巨蟹座人的性行為都是大膽主動的,男性姑且不論,女性無論如何都不會改變被動的傳統。不過,卻會向對方提出強烈的要求,然後沉迷在深深的喜悅中,無法自拔。O型巨蟹座的女性,性行為並不開放,卻能深深地吸引對方。因為,她們多半體態豐滿富有魅力,所以能夠吸引對方,拜倒在她們的石榴裙下。

婚姻・家庭 —— 避免出現妥協的婚姻

O型巨蟹座人尋求安定環境的想法很強烈,而這種觀念表現在家庭裡,就成了愛護家庭的顧家型,表現在婚姻上,

第三節　水象O型人——
感性、直覺與深層情感（巨蟹座、天蠍座、雙魚座）

就會有為成家而結婚的妥協型婚姻。

一旦過了適婚年齡仍未婚，就會有焦慮的心情，由於渴望安定美滿的家庭生活，再加上親朋好友們的壓力，因此，往往會和不太滿意的人結婚。

O型巨蟹座人極有可能因相親而結婚，認為結婚是兩個人共同生活一輩子的事。就現代的眼光來看，這樣的想法未免過於古板了，然而O型巨蟹座人卻堅持著這個原則，無論是相親結婚，或是自由戀愛結婚，結婚就是最終的目的。

有了這樣的想法，只要結了婚，為了家庭會更加倍地努力，雖然想法是傳統的保守派，但是家庭卻比傳統的家庭更為活潑、開朗。基於這種傳統觀念，O型巨蟹座人絕對不會做出破壞家庭的行為，即使夫妻雙方發生難以溝通的糾紛，也不會輕易地離婚。離婚所代表的意義，就是要放棄好不容易才建立起來的家庭，這是一生中最大的損失，因此，O型巨蟹座人即使有一個整天吵鬧的婚姻，也絕不輕易地離婚。

但是，家事做得好，並不代表就能擁有一個成功的婚姻，努力地忍耐，也不見得就能維持婚姻生活的幸福。已經沒有感情的夫妻關係，對雙方而言都是一種痛苦，這種做法只會加深雙方的痛苦，並且只是延長不幸的時間罷了。

只因為愛惜家庭，便捨不得放棄不幸的婚姻，這無疑是一種愚笨的執著。無論結婚或建立家庭，都可以從頭做起，

最重要的是要避免再犯下類似的錯誤。沒有付出忍耐便隨便地離婚，這當然也是錯誤的行為。

O型巨蟹座人由於O型人外向氣質的緣故，善於為家庭製造開朗的氣氛。把溫馨甜蜜的家庭，做為自我中心的精神堡壘，而自己則是這座城堡的主人。

男女有別・O型巨蟹男 ── 蟹老闆

O型的巨蟹座男人看上去溫和柔情，其實是非常喜歡錢的，因為金錢能夠給他們非常大的安全感。而O型巨蟹男，更是其中最容易成為商業大廠老闆的類型，不像其他血型的巨蟹可能只是喜歡存錢而已。

O型巨蟹男天生具有老闆的氣質，對員工嚴格卻又帶有家長般的慈愛，總能令人才聚集在他們身邊。另外，O型巨蟹男很善於交際應酬，處世靈活，善於抓住各種機會，又不怕吃苦，作風頑強，所以很容易嶄露頭角，成為白手起家的大富豪。

男女有別・O型巨蟹女 ── 是非分明的感性女

O型巨蟹女是比較喜歡幻想的，不過都是幻想罷了。她們的性格敏感、多愁善感、善良、單純。大部分巨蟹女有音樂細胞，喜歡聽音樂，唱歌，她們整天就喜歡待在家裡，不喜歡外面世界。

第三節　水象 O 型人──
感性、直覺與深層情感（巨蟹座、天蠍座、雙魚座）

因為 O 型巨蟹女覺得自己的性格是不善於交際的，和自己不喜歡的人是絕對不會有任何曖昧關係的，不喜歡就是不喜歡，會立即表明態度。更別說輕易接受不喜歡的人送的東西，請客吃飯之類的。

如果 O 型巨蟹女真的喜歡對方，她寧願為他做任何事情，會頭腦發熱，讓身邊人都覺得她把對方當作生命的唯一。她和朋友聊的話題都是自己的對象，如果對方辜負了她的好意，認為她的付出是理所當然的話，那麼就等著後悔吧！

事業・成功 ── 特別注重人際關係的經營

O 型巨蟹座人，本身就具備了對任何環境的適應性及通融性，所以對任何職業都具有廣闊的適應能力，也就是說，能處理任何工作，但是，這樣的才能離事業的成功還是有很大差距的。

根據占星術分析，巨蟹座較適合有關衣、食、住的職業。簡單地說，就是從事和現實生活有密切關係的職業。就性格來說，這些職業最恰當不過，正可一展雄才，發揮巨蟹座對事物的適應性。

換句話說，O 型巨蟹座人不適合從事脫離現實的學術研究工作，在企業方面最適合擔任總務及會計工作。

O 型巨蟹座人在工作上最不利的因素，便是人際關係容

第二章　O型人12星座解析

易發生偏頗。因為缺乏洞察力，只憑初次印象來判斷，往往有出入。再者，對事情的看法，往往過分注重實際，容易變成毫無遠見且眼光短淺的人。

如果能盡量避免這些缺點，便能朝成功邁進一步，O型巨蟹座人天生便具有得天獨厚的能力，只要後天不斷地努力，成功是指日可待的事情。

但是，在成功之後，還需要特別注重人際關係的經營，尤其中年以前待人應謙和敦厚，如此才能避免樹立太多敵人。須知敵人正是O型巨蟹座人日後成功的絆腳石。

星座達人指點

對O型巨蟹座人的忠告

固執於自我主張，往往成為人際關係失敗的原因，應多注意。

上當受騙的原因，多半是自己過於貪心所致，因此，務必記住，甜言蜜語背後必有陷阱。

如果勉強交往下去自己就會吃虧，自己應有足夠的決心做抉擇，俗話說：「長痛不如短痛。」

在選擇結婚對象時，對方的內在美比外在美重要，這是一個最基本的原則。至於其他的次要條件，就不妨稍微妥協一下。

第三節　水象Ｏ型人──
感性、直覺與深層情感（巨蟹座、天蠍座、雙魚座）

切莫凡事都想爭第一，退居其次，能有知人之明的洞察力，才是成功的條件。

2、天蠍座（Scorpio）

10月23日～11月21日

神話由來‧象徵意義 ── 神祕的天蠍世界

天后茱諾命天蠍從陰暗的地底爬出來，攻擊俄里翁（Orion，戴安娜所鍾情的獵人，後化為獵戶星座）。另外一次，天蠍施放毒氣攻擊正駕著太陽神馬車經過的菲頓，而使邱比特有機會發射雷電，將奔跑中的太陽車擊毀。

在許多西方占星家的眼中，天蠍座的符號其實是「蛇」，因為蛇在上古時代即被視為「智慧」和「罪惡」的象徵，眾所皆知的是，人類的始祖亞當、夏娃會被驅逐出伊甸園的主要原因就是受不了蛇的引誘，才會吃下禁果鑄成大錯。這個星座的人永遠像被層神祕面紗所遮掩住，不但使別人無法看透，而且還可以散發出不可抗拒的魅力。

天蠍座‧解密 ── 婚姻特點、男女祕技

即使血型不同，所有天蠍座的婚姻特點基本都是一樣的 ── 同性式。

天蠍座的內心總是莫名的自卑，渴望被最親密的方式呵護，卻找不到訴說的途徑，只好讓異性抓耳撓腮。然而反反覆覆仍舊不得要領，蠍子還在渴望，神祕的外衣卻無情的遮住了脆弱的本性，也許異性永遠無法了解蠍子的世界。

天蠍座的婚姻特點大體一致，但是性別不同還是有些差異的，誰是天蠍男的誘惑星座？誰適合做天蠍男的終身伴侶呢？

天蠍男・星座瓜葛 —— 假意真情

天蠍男 vs 獅子女 —— 假意

獅子與天蠍從來就是糾結不清的冤家情人。獅子女的霸道與自負對天蠍男來說極有挑戰色彩，而獅子女的陽光與灑脫又讓天蠍男有時感到自卑與不安，這種種複雜的情緒分分鐘都牽扯著天蠍男身體深處那根敏感的神經。天蠍男總想要將獅子女緊緊抓牢，可是獅子女卻對這咄咄逼人的手段感到厭煩與不屑，儘管兩個強者無法走進婚姻之門，天蠍男也會積蓄起所有的能量為了致勝的一擊……

天蠍男 vs 雙魚女 —— 真情

相當好色的天蠍男對婚姻中另一半的要求非常霸道，是屬於「只許州官放火，不許百姓點燈」的那種人。他的伴侶一定要接納這種霸道的需求才可以穩定地生活下去。雙魚女的奉獻精神真的可以做到能夠接受天蠍男在外面的三妻四妾，

甚至有可能為了老公的健康而偷放保險套或避孕藥在天蠍男的包包呢！所以天蠍男很願意有這樣一個女人放在家裡讓自己安心。

天蠍女・星座探祕 ── 增加魅力

不善交際的天蠍女因其女人的天性，勇敢而堅忍的性格，給人的印象總是溫柔甜蜜的。即使不同血型的天蠍女，天生的愛美和對打扮的追求也是可以互相借鑑的。

適合的相親對象：

(1) 金牛座：真沒想到竟然是金牛座拔頭籌吧？天蠍女和金牛男共同的生活會領略愛的真諦和奧妙。

(2) 雙魚座：和雙魚座男生非常情投意合，而且生活中也會富有情趣。

(3) 巨蟹座：和巨蟹男則顯得非常互補，更可以隨心所欲地行使家庭主婦的權力。

適合的相親裝扮：向來以性感神祕著稱的天蠍女，黑色露肩的（略微暴露一點點，只是一點點哦！）晚禮服能顯得天蠍女更加迷人！

適合的相親地點：最近流行的音樂酒吧是頗適合的地點，能迅速使二人升溫，就算合不來的話也沒關係，在音樂酒吧裡，天蠍女總能很快的放鬆自如，度過愉快的一晚。

貼心小叮嚀：相親的時候也要體現淑女的一面，記得向

妳的對立星座金牛座學學她們溫婉的處事風範,會使天蠍女看來更親切。

性格・氣質 —— 個性深沉,信守承諾

想用一句話來解釋清楚 O 型天蠍座人的性格,並不容易。O 型人表現在外的氣質是具有彈性的冷靜態度,而且對時間、地點、場合的反應極為靈敏。天蠍座本身就具有下列特徵:個性頑強,信念堅定、固守自我領域。這種截然不同的性格結合在一個人的身上,於是就會有衝突發生。

所以,同樣是 O 型天蠍座人,因人而異同樣會出現某種程度的差異。即使同一個人也會根據時間、地點的不同,而表現出全然不同的個性。

但是,經過仔細的分析,O 型天蠍座人大多還是以天蠍座強烈個性的色彩為主。O 型人的氣質只是給了少部分的輔助罷了。比較之下,天蠍座的個性比較具有決斷力,這是不容懷疑的。

O 型天蠍座人的個性深沉,並且擁有堅定的意志力,這種堅強的意志力,猶如磐石般,穩固得令人吃驚。

想像力豐富是 O 型天蠍座人的另一個特徵,他們不會積極跟人交往,但一旦找到適合的人,就會完全地依賴對方,並且坦誠地跟對方交往,運用敏銳的第六感及豐富的想像

第三節　水象O型人──
感性、直覺與深層情感（巨蟹座、天蠍座、雙魚座）

力，能掌握住對方的心思。

然而，O型天蠍座人骨子裡是一個誠實而心地善良的人。注重信諾，一旦說出口的話，無論如何都會遵守自己的諾言。凡是跟O型天蠍座人當朋友的人，必定會產生絕對的信賴。

不過，O型天蠍座人因為很擔心會暴露自己的心情，於是便故意隱瞞，有把自己封閉在內心世界的傾向，而且把自己弄成一副神祕的樣子，獨占欲也相當強，一旦到手的東西，絕不輕易鬆手，因此，很容易捲入因為個性太強所帶來的糾紛中。

基於強烈的意志力，O型天蠍座人極容易形成頑固、倔強的性格，不會明顯地顯露在行為上。但是，內心的自信及自尊絕不輸給任何人。對於別人的意見、建議依然會依照自己的理念而採取行動，總之，在別人的眼中是個頑固分子。

金錢‧財運 ── 財運不錯，注意合理使用

O型天蠍座人有相當不錯的財運。因為不會怠惰，勤奮工作已經有固定的收入，此外還會有投資、獎金等意外之財的收入。

O型天蠍座人花錢的方式頗為合理，所以略有盈餘，況且，性格原本就很慎重，對於未來總有一些危機意識。因

此，O型天蠍座人在金錢方面便不必辛苦地賣命，也會有不差的收入，不致使生活匱乏。

儘管O型天蠍座人懂得防患於未然的道理，但是，並不是一毛不拔的鐵公雞。對於投資事業方面有極大的幸運，可以說做了就會有收穫，不需優柔寡斷。在這種情形下能獲得幸運之神的眷顧，實在是一件不可思議的事。

不過，要是O型天蠍座人的獨占欲十分強烈時，也許會出現視財如命的現象。在有了相當成就之後，容易犯以下毛病：一是為了達到自己的目的，於是走後門，另一種是為了抓住錢財，有時也會接受不義之財，這些都是因為太注重金錢的緣故。

愛情・心語 ── **對愛情的耐力相當持久**

O型天蠍座人談起戀愛來，常會出現正反不同的兩種傾向。當O型人氣質較強烈時，就會對喜歡的人清楚地表達愛意，假如天蠍座的氣質較為明顯，在表達感情時，就會採取愛情長跑的姿態了。如果恰巧和對方是同事關係，那就會如橡皮糖般黏住對方不放。無論如何，雙方若是沒有達到彼此認定的程度，愛情是無法滿足的。

天蠍座的氣質，在戀愛的時候會表現得更為強烈，態度就會顯得強硬無比，此時就需要O型人的冷靜來加以調和。

第三節　水象Ｏ型人──
感性、直覺與深層情感（巨蟹座、天蠍座、雙魚座）

Ｏ型天蠍座人被這兩種氣質弄糊塗了，因此，戀愛沒有一定的模式。唯一的特點便是，對愛情有相當的耐力，可以像藤蔓一樣，緊緊纏繞著對方。

當Ｏ型天蠍座人展開了戀情，便會全心全意陶醉在愛河裡，無論付出多少代價都想得到成功。他們並不像獅子座、白羊座一樣，喜歡華麗而浪漫的戀情，而是把激烈的感情埋藏在心底，一旦感情爆發出來，Ｏ型天蠍座人也會以細水長流的方式來傳達愛情，這種表白方式使內心的熱情持續不斷地匯流而出。

一旦點燃了感情的火焰，Ｏ型天蠍座人便希望能得到對方全部的感情。因此，經常有婚前就發生性行為的例子，天蠍座的人，性行為的能力很強，並且很關心對方的反應，無論男女都是一樣，所以Ｏ型天蠍座人容易給人一種貪圖享受的印象。這種狀況和處女座只重視精神的態度正好相反。因此，Ｏ型天蠍座人在談戀愛時，總帶有一些奇思妙想，行為上也容易變得輕浮。

儘管戀愛時帶有綺麗色彩，可是，Ｏ型天蠍座人是誠實地愛上對方的。所以，當被對方欺騙時，內心憤怒的程度遠超過一般人的想像。嫉妒、留戀及復仇的情緒可以積壓很久，然後再一次性地爆發出來。

不過，若是Ｏ型冷靜思考的特徵較強時，就能懸崖勒

馬。如此一來，失戀的負面影響就不會太嚴重了，此時的反應也就和其他人一樣。

婚姻・家庭 —— 信任是呵護家庭的基石

O型天蠍座人由於本身強烈的責任感及誠實性，對婚姻絕不會採取草率的態度，而且，對家庭的熱愛也絕對不輸給其他人。

O型天蠍座的男性不會一味地追求自己的快樂，而不照顧妻子兒女的生活，不僅給妻子物質上的享受，更重視妻子精神上的享受。O型天蠍座的女性，無論如何都不會做出紅杏出牆的事情，對丈夫將一直保持忠實的態度。

O型天蠍座人並不會因為一個人感到很寂寞，在相識之初就考慮結婚。這樣軟弱的心情，對獨立性強的O型天蠍座人來說，幾乎是不可能的。他們最不喜歡依賴別人，雖然認為一個人可以活得很好，但是，只要結婚了，絕對不會忽略家庭的一切，非常寵愛孩子，一有了小孩就會更有責任感。

對夫妻間事務的分擔，也能恰到好處，男性對家中事情的決策不會過問，女性對丈夫的工作也不會干涉，正是「男主外，女主內」最佳的典型，夫妻互相信賴，共同建立美好的家庭。

對孩子的教育也很熱心，但絕不會以世俗的名譽來壓迫孩子，對教育孩子自有一套獨特的價值觀。

第三節　水象 O 型人──
感性、直覺與深層情感（巨蟹座、天蠍座、雙魚座）

O 型天蠍座人儘管是親密夫妻間的關係，也渴望擁有自己的世界，因此，即使夫妻在一起，也會設法找出一點時間做片刻的休息，藉以面對內心深處的自我。

O 型天蠍座人常會有深思甚至發呆的傾向，假如夫妻間出現了一些小問題，便可能鑽牛角尖，於是造成夫妻間長期的不信任。此時，只有發揮 O 型人冷靜而周密的分析能力，才能解決問題，否則，問題可能總是接二連三地出現，因而破壞家庭原有的溫馨氣氛。

不過，O 型天蠍座人本性善良，除非是犯了很嚴重的過失，否則，不會輕易斷絕夫妻的情分。有人說孩子是夫妻間的牽絆，而且 O 型天蠍座人十分疼愛孩子，為了孩子就更有耐心，絕對不會隨便離婚。

男女有別・O 型天蠍男 ── 壓抑的性格

O 型天蠍男極容易形成頑固、倔強的性格。他們不會明顯的表露在行為上，但是內心的自信和自尊是不輸任何人的。對他人的意見和忠告不會生氣反駁，但是他們也不會接納那些建議，仍舊是按照自己的信念而行動。

心裡想的比誰都多，偏偏不愛表達出來，別人更不知道他在想什麼，所以很壓抑！

這種情形累積久了，更容易增加 O 型天蠍座人頑固的個

性。由於不愛表達和溝通，經常被身邊的人誤以為清高。尤其是夫妻之間，O型天蠍座男壓抑的性格更容易產生衝突，如果妻子開明還好，遇到心胸狹窄的另一半，兩個人吵架的時候會非常多。

男女有別・O型天蠍女 —— 爭強好勝

O型天蠍女個性細膩，心理情緒變化大。對微不足道的小事都非常敏感，性格內向，對自身的一切總是帶著疑問。

O型天蠍女同時有強烈的優於他人的欲望，思考深入，處事沉著縝密，性格溫順而又明事理，但有時也會表現出反叛和歇斯底里的一面。擁有優雅的氣質和神祕的微笑，O型天蠍女不善於社交，缺乏積極性，有時會給予人傲慢無理和冷漠的印象。

天蠍座的女生一般都是不甘於人後的，希望可以過著別人都羨慕的日子。特別是O型天蠍女更是好勝，渴望自己嫁的老公比別人都強。O型天蠍女往往很性感很引人注目，容易吸引條件好的男生，而她們圓滑的個性也容易得到對方家長的喜歡。

事業・成功 —— 注意使用人脈積聚的力量

O型天蠍座人較適合從事敏銳性及洞察力強的職業，例如，心理學家、醫生、作家、企業界研究開發。其次，也可

以利用與生俱來的強健體魄，從事船員、導遊、警察、職業運動選手等職業。

無論如何，誠實且具有高度責任感的 O 型天蠍座人，做起事來絕對毫不含糊，因此，比較容易獲得某種程度上的成果。又由於 O 型天蠍座人內心深處藏有相當的野心，若是能確實地朝著固定的目標前進，發揮不怕困難的堅強意志力，就會有成功的可能性。

O 型天蠍座人成功的要訣是：人際關係的好與壞。雖然具有奮鬥精神，可惜缺乏別人的幫助，往往有太過依靠自己的缺點。

所謂集思廣益、眾人拾柴火焰高，一個人的力量是有限的，唯有發揮團隊精神才能把工作做得更好，能在心中時時提醒自己注重團隊精神，如此便能朝成功的境界更跨近一步了。

星座達人指點

對 O 型天蠍座人的忠告

如果神祕氣質過於強烈，善意的誠心偶爾也會遭人誤解。

存錢及賺錢的能力幾乎無懈可擊，不過在投資事業時，必須多加思考。

戀愛時，不僅要忠於自己的感情，也要考慮對方的立

場,懂得珍惜自己的感情,並且尊重別人的意願,如此的戀愛態度,才是正確的。

過於追求自我的生活,而忽略了配偶的感受,就容易產生問題,所以,應給予對方適度的關心。

想要擴大自己的視野,最好是在平時多和他人接觸,尤其應盡量和朋友,同事交換意見,這肯定對你有所幫助。

應該積極擺脫憂鬱的一面,多往樂觀方面去想。

3、雙魚座(Pisces)

2月19日～3月20日

神話由來・象徵意義 —— 謎一樣複雜的雙魚

維納斯和邱比特有一次被巨人泰風(Typhon)所追逐,雙雙跳入幼發拉底河中,化身為魚逃走。蜜妮華(Mineave,雅典娜的別名)將魚化為星辰置於天上,以紀念這件事。另有一說是其為捆綁人魚仙女阿蜜妮坦(Aminitum)和希瑪(Simmah)的絲帶。

象徵著被絲帶相連繫的西魚和北魚。由於它是十二星座的最後一個星座,即包含了十二個星座進化的總合,是古老輪迴的結束,所以有著昇華透澈的靈,卻留有世俗無法割捨

的欲；而這種靈與欲牽扯不清的矛盾，使得兩條魚變得像謎一樣的複雜。

雙魚座・解密 —— 婚姻特點、男女祕技

即使血型不同，所有雙魚座的婚姻特點基本都是一樣的 —— 差異式。

魚魚不喜歡門當戶對，這種和諧太平靜，太順理成章，完全破壞了魚魚對婚姻的想像，讓他們在穩定的氛圍裡長吁短嘆。魚魚還是喜歡充滿差異，糾纏，矛盾的婚姻，這樣的記憶也許才會讓他們刻骨銘心，感受到婚姻的價值。

因此差異式婚姻非常適合魚魚，因為魚魚絕對相信，可以撫平差異的工具只有愛情，只要婚姻繼續，愛情就在。

雙魚座的婚姻特點大體一致，但是性別不同還是有些差異的，誰是雙魚男的誘惑星座？誰適合做雙魚男的終身伴侶呢？

雙魚男・星座瓜葛 —— 假意真情

雙魚男 vs 射手女 —— 假意

雙魚因為天生浸泡在海王星的世界中，他們天生具有非常人所及的包容力，當然也需要適時釋放這部分能量才能找到很「雙魚」的感覺。於是很多時候需要他人對雙魚產生傷害後，雙魚才能得到這種無私奉獻的滿足感。雖然雙魚會和很

多人產生曖昧，但射手女是很有氣概的，是不管不顧玩完就走人的那種。外人看來射手女「沒人性」的行徑卻使雙魚男得到莫大滿足，沒辦法，誰讓雙魚是被虐狂呢！

雙魚男 vs 天蠍女 —— 真情

很容易濫情的雙魚需要身邊有個強勢的女人時刻鞭策著，才能看住他們不要三心二意，使精力集中在事業上，悉心地經營家庭。天蠍女極致的性感與強烈的性慾會使雙魚男人只要應付她一個便沒有精力再去應付其他女人，即便不留神招惹了路邊的花草，也只能看看而已……柔弱的雙魚男人的確需要天蠍女來幫其支撐起婚姻。

雙魚女・星座探祕 —— 增加魅力

幻想奇特的雙魚女因其女人的天性，善解人意的性格，給人的印象總是浪漫多情的，其實這只是源於她們非常善良的包容心而已。

即使不同血型的雙魚女，嚮往詩意的人生和對魅力的追求是比較獨特的。

適合的相親對象

(1) 處女座：處女男真誠而審慎，能夠理解、支持、尊重雙魚女。

(2) 巨蟹座：巨蟹男在性格上與其有許多共同之處，彼此心照不宣、自然、和諧。

(3) 天蠍座：天蠍男性對其會產生好感，並會用富有激情的愛打動她的心，而雙魚女也喜歡他的男性氣質和力量。

適合的相親裝扮：一身蕾絲花邊的粉色公主裙，能令雙魚越發像童話人物，惹人愛憐，不妨多做此類打扮。波浪長髮更能增加甜美浪漫的氣息，是人見人愛的小美人。

適合的相親地點：浪漫的咖啡館想必是魚魚喜歡的去處，不過缺點是容易冷場，如果碰到聊不來的對象，就會略顯尷尬，不過沒關係，魚魚們最擅長發揮隨時隨地做夢的夢想家本色，將難關捱過。

貼心小叮嚀：柔弱被動的雙魚，在相親的時候記得向對立星座處女座學學理性和自主的表達方式，才不致於因為情面而做了自己不情願的事情。

性格・氣質 —— 感受敏銳，易受傷害

O型雙魚座人有多面性，能使自己的態度充滿彈性來應付別人。由於雙魚座的氣質比O型人更柔軟，因此O型雙魚座的人非常尊重別人，甚至會被他人認為是沒有主見的人。

O型雙魚座的人擁有恰如流水般柔軟且純樸的性格，水是最具彈性的物質，隨著容器的外形時方時圓；所以雙魚座的適應力簡直好到令人傻眼的地步。這類型的人內心充滿了浪漫的幻想，同情心很濃厚，若是看到不公平的事就一定會干涉。

第二章　O型人12星座解析

　　O型雙魚座的人不分男女都有超越利益、名譽的精神，即使明明知道自己吃虧，仍然一本初衷繼續下去。他們充滿溫情的眼神，總使人感到心平氣和。

　　O型雙魚座人就好像情竇初開的少女一樣敏銳，這也是O型雙魚座人的特色，他們只想不帶給別人嫌惡感，因此拚了命也會繼續保持他們完美的形象。

　　O型雙魚座人也是浪漫派人物，由於他們性格非常柔軟，所以在現實社會裡，也比其他人更容易受到傷害，容易被牽著鼻子走，而迷失自己的方向。這就是O型雙魚座人最大的缺點，若是能遇到可靠的人，依附這種人，或許就可以減少受傷害的機會。

　　O型雙魚座人都是易受傷的性格。因為他們總是太過擔心別人的事，因而忘了自己的步伐，只是一味追隨在他人之後，這種情形可說是對自己太沒自信的緣故。

　　由於他們這種特殊的性格，對於一件小事情，也會拖拖拉拉費一段好長的時間。缺乏果斷力且意志薄弱，更是他們的致命傷。

　　因為他們又喜歡追求自己內心浪漫的夢想，所以在現實生活上總是搖搖晃晃，沒能固定自己的目標，或者老是在改變主意。他們絕對不是故意要這樣做，只不過這種態度有時總令人難以接受。

第三節　水象 O 型人——
感性、直覺與深層情感（巨蟹座、天蠍座、雙魚座）

金錢‧財運 —— 揮金如土的行為應該避免

O 型雙魚座人財運並不差，但由於奢侈成性，一看到喜歡的東西，就無法克制購買的欲望，所以，多半不會有太多的積蓄。

O 型雙魚座人偶爾會追求意外的虛榮，也會有揮金如土的情形出現，或者會基於同情心而借錢給朋友，這些借出去的錢通常是有去無回的。由於太容易相信別人，所以被陌生人詐騙錢財的事情，層出不窮。

所幸，O 型雙魚座人對金錢非常看得開，即使生活得很拮据，仍能保持愉快的心情，這種態度會被周圍的人認為太傻了，但意外的是，常能得到貴人相助。

由於長期飄浮不定，O 型雙魚座人學會圓滑的處世態度，久而久之，就會累積許多寶貴的經驗，一旦發生事情，判斷也會更為敏銳。可以減少錢財的損失，雖然命中有貴人相助，但最好還是自己多培養判斷能力，以免落得兩手空空的結果。

愛情‧心語 —— 多情的種子

O 型雙魚座人原本就是個喜歡幻想的人，心中總是懷著模糊的甜蜜憧憬，若是真有對象出現在眼前，白馬王子或白雪公主的形象就更具體而耀眼了。這種感覺會使他們誤以為

第二章　O型人12星座解析

自己戀愛了,實際上這只能算是戀愛的前奏曲罷了。生活中充滿浪漫氣氛的O型雙魚座人,很容易掉入愛情的漩渦裡,所以,戀愛經驗也比別人豐富,每當身旁出現條件不錯的人,或者有人表示好感,很容易便會產生愛慕之意。

O型雙魚座人天生具有格外豐富的感情,然而,多情並不意味著濫情。不是無法專情,只是很脆弱,只要有人稍微表示一下好感,很快便陷入感情的漩渦了。但是,O型雙魚座人對每一次的戀愛,態度都十分認真,至少在愛情的火焰點燃時,一定會完全地奉獻自己,沉醉在浪漫的世界裡。O型雙魚座人是個多情的種子,每當遇到傾心的對象便付出熱烈的感情。

一旦談起戀愛,就會一反平日毫無生氣的模樣,如魚得水十分活躍,甚至連周圍的人也感染了快樂,都忍不住為之雀躍一番。對於戀人,能無條件地奉獻自己,尤其是女性,更是百依百順,遵從所謂的三從四德,要求自己做個最完美的情人或妻子。

O型雙魚座的男性,或許會放棄主見來遷就對方,也有可能因此甘受女性擺布,成為她手中操縱的傀儡。因此,很容易誤入粉紅色陷阱,使自己受到嚴重的傷害。總之,無論如何都能赤裸裸地把自己投入愛情中,雖然多愁善感,但是,也因為戀愛變得更溫柔迷人。

若缺乏主見,隨遇而安的氣質較為明顯時,就會迷失自己。此時雖然自己可能並不愛對方,但是,當對方直率地向自己表示好感時,便難以抗拒而逐漸陷入其中。

同樣的情形也體現在性行為上,很容易被批評為「花花公子」或「不守婦道的女人」。問題就出在軟弱的性格上,只要別人的態度稍微強硬一些,就會投降並順著別人的意思去做,在性的方面,完全採取被動的態度。

婚姻・家庭 —— 需要極大的精力呵護婚姻

對 O 型雙魚座人來說,組建家庭具有穩定的作用,能夠停止容易動搖的心性。因此,結婚的對象必須溫柔體貼,而且能在重要地方指導自己。如果能選擇一位可靠又值得信賴的對象,建立一個安定的家庭,如此一來,便可一改婚前軟弱的樣子,也能堅強地面對工作的挑戰。所以,此類型的人,婚姻幸福的關鍵便是尋找一位可靠的對象。若是選擇了一樣柔弱又容易受傷的人,或者依賴性強的人作為對象,那麼,碰到困難時大概只有面面相覷,不知所措了。

O 型雙魚座的男性,也許適合與年齡較長的女性交往,而 O 型雙魚座的女性則可能會喜歡父親般保護自己的人。總括來說,只要選擇了好伴侶,O 型雙魚座的男性,便會成為誠實可靠的好丈夫,而 O 型雙魚座的女性,在擁有家庭之後,也能獲得相當的自信,逐漸捨棄過去多愁善感的性格。

第二章　O型人12星座解析

　　O型雙魚座人無論男女，與其說是以雙手來支撐家庭的人，倒不如說是個被扶持的人，這種態度表現於外表就是不負責任。基於此種理由，即使相愛至深的夫妻，只要一出現第三者，就有可能引起一場家庭風波，甚至破壞了夫妻間原有的感情基礎，所以，婚姻需要比別人更用心去維護。

　　O型雙魚座人在一般的家庭生活中，有時情緒上也會顯得焦躁不已，甚至引起莫名其妙的歇斯底里。渴望被保護，同時也要求配偶許多事情，頗有自私的傾向。嚴格來說，他們對「家庭」的觀念十分淡薄。若是O型人唯美意識的精神表現很強烈，便可以約束O型雙魚座人不負責任的行為。最低限度也會做到不要被指指點點，如此一來，便能主動的為家庭而努力了。

　　當婚姻生活一旦破裂，可能會造成悲劇，加上天生多愁善感，也許會在天天哀傷中過日子。在這種情形下，很可能會把原本就破碎的家庭，弄得更加烏煙瘴氣，更不可收拾了。

男女有別‧O型雙魚男 —— 缺乏現實感，愛揮霍

　　O型雙魚男的性格、情感和愛情生活比較神祕，有些不可思議，人們無法知道他在想什麼或希望什麼，有點烏托邦的思想傾向。

第三節　水象Ｏ型人──
感性、直覺與深層情感（巨蟹座、天蠍座、雙魚座）

生活上也經常得過且過，在困難或矛盾面前他不喜歡讓步，總渴望有奇蹟般的解決辦法，而當需要他做出抉擇時，又常常束手無策。

他需要一個能指導他言行的精明能幹的生活伴侶，不能忍受孤獨，周圍的一切都會在他的思想中留下記號，有時是很深刻的。他的思想有時會飛到虛無縹緲的世界中，有時也會陶醉在音樂、繪畫、詩歌和幻想的美好意境中。

Ｏ型雙魚座的男性一般都缺乏現實感，比較愛揮霍。對處於困境中的朋友有強烈的同情心，會毫不猶豫地慷慨解囊，真誠相助。

男女有別・Ｏ型雙魚女 ── 外冷內熱

Ｏ型雙魚女屬於外冷內熱型，會從年幼時期單純的愛幻想，慢慢對事情和社會有獨到的見解，開始充實多方面的知識，對很多事情都有興趣，會慢慢變得精明起來。

Ｏ型雙魚女由於脾氣和喜好變化毫無規律，很難有計畫的做每件事。Ｏ型雙魚女的通病就是一邊喊著奮鬥的口號，一邊懶洋洋的行動。對很多還未發生的事情會進行預測（也是幻想的一種啦）對很多已經過去的事情也會再重新思考。

Ｏ型雙魚女對於朋友也有所保留，不會完完全全的推心置腹，通常都沒什麼大發展，慢慢的也就變得冷漠了。

注重浪漫的氣氛,會在戀愛中製造一些溫馨的場面,談戀愛頗能享受戀愛的情趣,所以是個極佳的情人。

事業・成功 ——
培養主動意識,不要被別人牽著鼻子走

O型雙魚座人特別是雙魚座的氣質較為突出時,無論做任何事,都會缺乏主見,而且容易半途而廢。除此之外,很在意別人的眼光,只要別人表示一點意見,便有可能因此轉移目標,被人牽著鼻子走,這些都是成功的絆腳石。

因此,大家對O型雙魚座人無法產生信賴感。須知,一旦被認定是個無法託付重任的人,則無論從事任何行業,都不可能一帆風順。所以,最重要的就是要培養對工作的責任感,才能逐步地完成工作進度,雖然不是偷懶的人,但在工作的態度上,最好能積極一些,讓別人了解你的決心。

同情心強且十分善解人意的O型雙魚座人,適合從事的職業,有老師、護士等,此外,雙魚座原來是和水有關的星座,也很適合從事海洋學家、公共關係、水產養殖業等。由於充滿浪漫、藝術的氣質,如果做一名舞蹈家、作曲家和作詞家,必定有所成就。

不過,O型雙魚座人在選擇適當的職業之前,應先對職業有一套完整的計畫,然後,更要檢討對工作的處理方法。

第三節　水象 O 型人──
感性、直覺與深層情感（巨蟹座、天蠍座、雙魚座）

星座達人指點

對 O 型雙魚座人的忠告

假使只介意旁人的眼光，就會迷失了自己的方向。因此即使自己只有一個主張，也要貫徹到底。

要學習適時說「不」的勇氣，以免捲入愛情的糾紛裡。

從結婚的一刻起，就不能只為自己而生活，尤其男性，更應有守護家庭的責任感。

自己的幸福要靠自己去追求，若是一味在金錢上等待別人的資助，也許會使自己捲入意外的糾紛之中，因而陷入進退兩難的窘境。

工作時，態度切忌曖昧不明，只要下定決心，就應明確地表達出來。

第四節
土象O型人──
穩重、實踐與堅持
（金牛座、處女座、摩羯座）

1、金牛座（Taurus）

4月20日～5月20日

神話由來・象徵意義 —— 外柔內剛的金牛

　　傳說素以風流著稱的眾神之王宙斯看上歐蘿芭（Europa，後來化為歐洲），為了避開天后希拉的耳目，自己化身為白牛，將歐蘿芭駄在背上，以遂其所願，事後宙斯又回復原形，將他的化身大公牛置於天上，成為眾星座之一。

　　金牛座象徵著穩重、堅定的信念，不為外力所動的耐力與持久力。他們的行動緩慢、溫和，外柔內剛的近乎於頑固。

第四節　土象 O 型人——
穩重、實踐與堅持（金牛座、處女座、摩羯座）

金牛座・解密 —— 婚姻特點、男女祕技

即使血型不同，所有金牛座的婚姻特點基本都是一樣的 —— 分帳式。

金牛座的安全感永遠不會來自於精神層面，他們需要物質在手，讓固定的財富作為心理的支柱，撐起自己的穩定生活和內心的安全感。

所以分帳式婚姻再適合金牛座不過，即使在共同的婚姻中，金牛們照樣可以明確的知道自己的收入和支出。不必為婚變恐慌，更無需讓心情隨著愛人的情緒擺動，情感上的獨立首先是從經濟獨立開始的。

金牛座的婚姻特點大體一致，但是性別不同還是有些差異的，誰是金牛男的誘惑星座？誰適合做金牛男的終身伴侶呢？

金牛男・星座瓜葛 —— 假意真情

金牛男 vs 天蠍女 —— 假意

儘管金牛男的生活重心是安定的家庭與富足的收入保障，但他們也畢竟是欲望深重的族群。平淡的夫妻生活對於金牛男來說漸漸變成對妻子的回報與責任，而他們內心卻更渴望感官的強烈刺激來讓自己更有活力。深沉的天蠍座最會吊足金牛的胃口，為平淡的情侶生活製造很多艱辛感，令金

牛男感覺到與天蠍女建立親密關係非常不易，儘管不能時常相聚，但每一次都讓人意猶未盡，欲罷不能。

金牛男 vs 巨蟹女 —— 真情

由於金牛是月亮的上升星座，而月亮又是巨蟹座的守護星，所以缺乏安全感的巨蟹女人在老實忠厚的金牛男人這裡，可以得到十足的安全感。當然也會敞開心扉願意為金牛男人完全奉獻自我，甘願做一個盡職盡責的賢妻良母。而金牛男是很需要物質財富來撐起自己肩膀的，巨蟹女默默的奉獻給了金牛男人一個相當溫暖的港灣，金牛男當然願意與其組成家庭。

金牛女・星座探祕 —— 增加魅力

做事有計畫的金牛女因其女人的天性，穩紮穩打的性格，給人的印象總是勤儉持家的，即使不同血型的金牛女，也擋不住她們對個人魅力的追求。

適合的相親對象：

(1) 金牛座：金牛座男生能彌補金牛女性格上的空白，儘管共同生活中難免會有些磨擦，但和諧的生活會得到精神上的平衡。

(2) 魔羯座：是和金牛女志同道合的男生星座，在工作上會互相幫助，在生活上會互相體貼、照顧。

(3) 處女座：和細心的處女座男性結合，能建立穩定和幸福的家庭。

適合的裝扮：古典端莊的金牛座最適宜淺綠色浪漫小洋裝，能夠改變本身較為呆板的個性，顯得更加甜美可愛，披肩長髮更楚楚動人。

適合的相親地點：環境奢華的酒店，比較能滿足金牛座奢侈和高雅的審美品味，另一個好處是，如果不滿意相親對象的話，可以趁補妝之機，在酒店周圍轉轉。

貼心小叮嚀：相親的時候要多注意小細節，記得向妳的對立星座天蠍座學學她們神祕大膽的處事風格，偶爾展現一點小小的慵懶性感很是加分。

性格・氣質 ── 遲鈍的為人處事

O型金牛座人行動的方式就是緩慢型。對於任何事都不著急，也不想搶先達成目的，動作雖然緩慢卻能安全到達目的，是這一類人的處事方法。

O型金牛座人做事儘管慢慢地，但安全到達目的，較之冒著危險的突進也許好些。

並不是沒有行動，只不過是行動時太謹慎，所以行動就顯得遲緩，恰如老牛拖車般。當這一類型的人以慢步調做成決定時，早已喪失先機了。所以，周圍的人會把他們處世的

第二章　O型人12星座解析

態度看成是消極；而性急的人也往往在緊要關頭替他們感到緊張。

O型金牛座人這種保守的行動模式，在現代社會快步調的節奏中，往往因為遲鈍的決斷而喪失大好機會。這種緩慢主義在處理事務上每每是吃虧的。

獲得事情成功的基本條件是：運氣、耐心、毅力。運氣是無法強求的；耐心和毅力則是O型金牛座人特有的優點。這樣說來，O型金牛座人成功率就特別高嗎？答案是否定的。因為成功必須敏捷地抓住瞬間消失的運氣，O型金牛座人欠缺的就是那種把握住運氣的敏銳反應，這種缺點就成為這類型的人最大的致命傷。

O型金牛座人缺乏把握時機的特質，最後很容易喪失成功的機會。反過來說，因過於焦急而做下錯誤的判斷，這樣的事也不會發生在他們身上。他們用緩慢的步調，以耐心和毅力走向目標，絕不半途而廢。如果這是一場賽跑，即使是最後到達終點，也會盡力跑完全程，這就是O型金牛座人。

金錢・財運 —— 財運極佳，不要衝動投資

就占星術來說，金牛座是主宰金錢的星座，因此，這個星座的人對於金錢特別有概念且執著，相對地財運也就特別好。再就O型人來說，並非與錢無緣。所以O型金牛座人，

第四節　土象O型人——
穩重、實踐與堅持（金牛座、處女座、摩羯座）

財運可說是得天獨厚的。雖然，無法在短期內順利地賺進大把鈔票，但是，此類型的人卻擅長積蓄。深知存下來的錢既不會減少又有利息可拿，是最安全可靠的賺錢方法了。

如果O型金牛座人在金錢方面有所損失，那必定是O型人的投機性質較強的結果。由於O型人多多少少有些衝動，即使是從容不迫的金牛座，也不能抹煞這種個性。所以，偶然衝動下所從事的投資事業，極有可能遭到失敗的命運。

O型金牛座人如果在順利的情形下，到了中年就可擁有相當的財富，而且很懂得深謀遠慮，未雨綢繆。

愛情・心語 —— **篤實認真的戀愛**

O型金牛座人如果跟異性到了某一程度的交往，就會立刻表現出小心翼翼的樣子，因此，無法輕鬆自在地談戀愛。此類型的人談起戀愛耐心遠勝過一般人，只要確定目標，便擺出愛情長跑的姿態，以時間和耐心來打基礎。雖然也有感情充沛的時候，卻不會因一時的衝動而做出傷風敗俗的事，嚴格來說，正是天生的緩慢步調及謹慎態度，讓他們能及時收斂腳步。

O型金牛座的人，個性篤實認真，戀愛的基本模式是以結婚為前提，所以，戀愛的過程自然是百般小心。

O型金牛座的女性性格偏於內向，經濟上喜歡自理。嫉

妒心經常折磨著她。然而一旦她確信得到了自己所鍾愛的人真誠的愛,她會成為一個最賢惠、最忠心耿耿的妻子。儘管共同生活中難免會有些磨擦,但和諧的生活會使她得到精神上的平衡。

對於 O 型金牛座人來說,把愛情看作遊戲,或為貪圖一時快樂而跟異性發生關係,是絕不可能發生的事。倒不是基於所謂道德觀念的自我約束,而是自己的個性所致。愛情可以維持很長的時間,天長地久的愛情正是 O 型金牛座人追求的理想。

通常很少主動提出分手的要求,有時明知彼此個性不合,但為了避免傷害對方的心,加上本身非常有耐性,多半會忍耐到極限。O 型金牛座人在缺乏婚姻制度的保障下,很少會和異性發生性關係,一旦結婚了,婚姻生活必定是充滿了濃情密意。

在性生活方面,太不富於技巧變化,但性慾卻極為強烈,儘管步調永遠如此緩慢,卻能清楚地表達出心中濃烈的愛意,並且充分使對方感到滿足。如果配偶是個焦躁型的人,那麼,就必須耐心和對方溝通,以免造成困擾。

婚姻‧家庭 —— 晚來的婚姻更幸福

O 型金牛座人不屬於早婚型,晚婚較能掌握幸福。對待婚姻,金牛座的人首先考慮的是,這種結合是否對諸方都有

第四節　土象 O 型人——
穩重、實踐與堅持（金牛座、處女座、摩羯座）

利，喜歡根據對方的家境及其工作能力作為選擇的主要條件。因為他需要的是一個既能承擔家庭生活的責任，又能幫他處理財務的伴侶。

O 型金牛座人不想追求變化大及刺激多的生活方式，只希望婚後能組建一個溫暖、平靜的家庭。然而這一切的美景中，必須特別注意配偶的條件。

相反地，若是遲遲沒有結婚，直到年華老去才暗自焦急，在這種情形下，也容易犯下和前面相同的過失。因此，對婚姻雖然應以謹慎的態度來面對它，但也要相信自己的判斷力，一再地躊躇不前，只會讓到手的機會，無聲無息地溜走。

在二十五歲之後，便會接受相親，因相親而結婚的例子不在少數，其實，這種方式並無不妥，但常會因周圍的人或者對方溫柔的懇求，失去了主張，在尚未了解對方之前便草率答應結婚，尤其是女性，更應切記適時的拒絕有其必要。

O 型金牛座人婚姻順利最重要的條件就是夫妻生活的步調能夠協調一致。此類型的人，結婚之後絕不會鬧花邊新聞，如果和性急又喜好刺激的人結婚，在長久的婚姻生活中，只要一出現問題就要及時解決，否則，拖延戰術只會對雙方的感情造成莫大的傷害。

以 O 型金牛座人的性格來說，幸福的定義便是擁有一

個歡樂而且溫馨的家。特別需要注意的是，O型金牛座人具有外柔內剛性格，在家庭生活中常會顯出頑固不易妥協的個性，這一點常成為夫妻不睦的原因。

而O型金牛座的女性，對家庭，事業很難兼顧得宜，面面俱到。如果有必要藉工作來減輕家庭的經濟負擔，最好能選擇可在家工作的行業。

男女有別・O型金牛男 —— 好色

O型金牛座男人多半是滿有才華和能力的，事業上也較容易成功。他們有種隱性的強勢和大男人主義，潛意識裡覺得女性是弱小的也是附屬品，所以男人三妻四妾是很正常的，也是自己有能力有魅力的表現。O型的強勢加上金牛人的好色天性和占有欲，看到好的絕不肯放過，一定要嘗試一下才過癮。

所以他們中年發生暈船危機的機率還是很高的。一般來說在家裡的妻子早已經被他們調教得溫良謙讓，賢惠且善於忍耐。有了小三的O型金牛男，會用小三替換正宮，不止是玩玩而已。當然也不排除，今後還會有小四、小五……的更替。

所以，O型金牛男如果現在有情感危機的徵兆，還是趕快早做打算，夢想這頭牛會吃回頭草是很難的！

第四節　土象O型人——
穩重、實踐與堅持（金牛座、處女座、摩羯座）

男女有別・O型金牛女 —— 愛財

金牛座女人往往是愛財的，而成功欲望較強烈的O型金牛座女生更是希望自己的婚姻會有良好的財富基礎。所以，她們尋找的對象一般不會是普通人，起碼要有著相當的財富，可以保證讓她擁有物質上足夠的滿足感。

O型金牛座女人有著A、AB型金牛座女人沒有的圓滑以及B型金牛座缺乏的心機，獲得富家公子的愛慕到嫁入豪門對她們來說不會是很難的事情。

事業・成功 —— 找到適合自身的工作很重要

O型金牛座人如果找到適合自己的工作，就會充滿幹勁，全力以赴，成功的機率就較大。但是，如果工作性質不適合，就好像蝸牛一樣，行動更加緩慢了，總之，能否找到適合的工作，便成為人生的轉捩點。

那麼，O型金牛座人究竟適合什麼樣的職業呢？一般來說，需要耐性及毅力的工作是最適合的了。變化激烈、流動性強的工作，以及需要敏捷果斷的工作都需要八面玲瓏的性格，這跟O型金牛座人性格恰好相反，這麼一來工作時又怎麼會快樂呢？

由於O型金牛座人作風平穩篤實，對於財務部門及金融機構來說，是最理想不過的職員了，雖有大器晚成的傾向，

第二章　O型人12星座解析

但只要能得到適合的工作，發揮才能，多半能成功，或者在某一個領域中聲名大躁。

星座達人指點

對O型金牛座人的忠告

盡量不要選擇需要動作敏捷的工作，以及必須隨時做適當決策的職業。這些事情違背了天性，你不容易將這類工作做得完美無缺。

俗話說：馬有失蹄。天有不測風雲，人生總難免有意外的事發生，千萬不要一聽說有利可圖，就慌慌忙忙插上一腳。

如果錯失結婚的良機，或是未及時分手，不但失去了好運，而且，會使不幸延續下去。

一旦感情出現裂痕，對立的時間容易拉長，因此，應盡量避免衝突，出問題時也應盡快溝通。

不必妄自菲薄，看重自己的才能，就是成功的開始。對於自己選定的工作，應有十足的信心，唯有埋頭苦幹才是成功的關鍵。

第四節　土象Ｏ型人──
穩重、實踐與堅持（金牛座、處女座、摩羯座）

2、處女座（Virgo）

8月23日～9月22日

神話由來・象徵意義 ── 自我壓抑的處女

根據羅馬神話，處女座又名艾思翠詩（Astraes），為天神丘比特和希蜜絲女神的女兒，是正義女神。黃金時代末期，人類觸犯了她，於是大怒之下回到天庭。處女座象徵著講求實際、腳踏實地和自我壓抑的性格。

處女座・解密 ── 婚姻特點、男女祕技

即使血型不同，所有處女座的婚姻特點基本都是一樣的 ── 週末式。

週末式婚姻是一種新鮮的婚姻形式，即男女雙方登記結婚，在法律上是夫妻，但在週一到週五的工作日，住各自的房子，過各自的單身生活，只有週末住在一起。

處女座的婚姻很容易在日常的瑣碎裡糾纏到窒息，所以給予處女座一個想像和空間的時間，就像對婚姻注入了新鮮的氧氣，說不定處女座會在婚姻裡找到真正的感覺。

處女座的婚姻特點大體一致，但是性別不同還是有些差異的，誰是處女男的誘惑星座？誰適合做處女男的終身伴侶呢？

第二章　O型人 12 星座解析

處女男．星座瓜葛 —— 假意真情

處女男 vs 雙魚女 —— 假意

糊塗的雙魚座本來就容易為對方付出太多，哪怕只做情人都完全可以接受，甚至很能犧牲自己幫助男人矇混正牌夫人。這對於處女座來說再合適不過，因為處女座雖然對待知識嚴謹，但是他們需要的是「對方找不出理由來反駁」，便覺得自己可以矇混過關。雙魚女人的溫柔與服帖可以給足處女男自信心，而暗示性的相處方式又給足處女男餘地，做出一副「完全什麼都沒發生過」的假象，讓處女男釋放激情時毫不點忒，心安理得。

處女男 vs 獅子女 —— 真情

處女男通常是需要一個有些強勢的大女人在自己身邊的。因為自己對待問題太過嚴謹，很容易被很多事情的細節牽絆，而不能放眼展望大局。因為處女男很重視事業，希望自己能在工作中表現優異從而逐漸穩固自己的一片疆土，於是獅子女便成為處女男背後指點江山的女王。獅子女能從大局著眼，在處女男拘泥於細節不能自拔時，獅子女雷霆一發，處女男眼光就放開了，處女座男人需要這樣的女人當老婆。

處女女．星座探祕 —— 增加魅力

自尊心極強的處女女因其女人的天性，追求完美的性格，給人的印象總是不留情面的，然而不同血型的處女女，

第四節　土象O型人──
穩重、實踐與堅持（金牛座、處女座、摩羯座）

她們對魅力的追求和對美的刻劃卻是更上一層樓的。

適合的相親對象：

(1) 雙魚座：雙魚男性情都很溫和，和處女女會相處得很好，過著相敬如賓的和諧生活。

(2) 金牛座：和金牛男在一起，會建立一個美滿舒適的家庭，並會有爭光的孩子。

(3) 魔羯座：魔羯男也是非常適合的選擇，會同心協力為遠大的生活目標而努力，持久不變的感情會永遠幸福。

適合的相親裝扮：追求完美的處女女穿著格紋長裙很顯身材，粉色披肩更彰顯女人味。好評度絕對大增！

適合的相親地點：公園漫步，很能使理性的處女女變得感性，也更加體現出處女女溫情浪漫的一面。

貼心小叮嚀：相親的時候要改掉過於追求完美的壞習慣，記得向對立星座雙魚座學學她們溫柔夢幻的甜美氣息，會使妳處處顯得更加美麗。

性格‧氣質 ── 清純浪漫，中規中矩

O型處女座人天生具有中規中矩的理性態度，且腦筋靈活，能正確地處理任何突發事件。他們對人生訂定了堅實的計畫表，絕不浪費他們天生的才能。

由於這類型的人充滿理性的智慧，也許會給他人冷漠的

印象。其實他們本來也有直爽的一面,只是他們在行動之前,總會冷靜地三思,所以他們的行動才會給人無隙可乘的感覺。基於這種心態,他們有不做不潔行為的強烈意識,因此才會給人冷漠的印象。這種強烈的意識,表現在生活型態上,就會造成一種病態的潔癖。

O型處女座人對事情認真的態度,常帶給周圍的人強硬的感覺,但是他們誠實、不馬虎的表現,也會獲得許多人的讚美。因此,他們能得到別人的信賴,這種信賴感就是周圍的人對這類型的人所產生的認同。

O型處女座人有嚴以律己的傾向,對待他人偶爾也是抱著嚴格的批判精神。他們很少在口頭上批評別人的行為,但是他們會睜大眼睛,仔細觀察他人的行動,然後自己在內心做冷靜的判斷。

由於他們的判斷是經冷眼旁觀的證明,所以他們的分析相當具有客觀性。對事認真的態度,如果表現得很強硬,就會被別人認為是難以取悅、難纏的傢伙。

處女座略帶有神經質,時常會顯露出不容許他人失敗的狹窄心思。若是能夠發揮O型圓滑的特性,就可將處女座的神經質隱藏起來。這樣一來,人際關係才能處理得更適當。

O型處女座人原本理性的態度,也會具備某種沉默。一旦成為推心置腹的好朋友,這種透過理性的幽默,絕對不會

使人感到無聊,這樣雙方就能建立起良好的關係。

O型處女座人不論男女都是清純且浪漫的人,他們內心的清純就好像是一股源源不斷的清泉,無論處於任何環境,都能保持似泉水般的清淨。

金錢・財運 —— 財運平平,消費得當

O型處女座人財運平平,一生中很難遇到意料不到的好運,而一夜間成為暴發戶。不過,擁有特殊的計算能力,嚴格控制金錢的收支,得以彌補上述的缺點。

O型處女座人把生活收入和支出區分得清清楚楚,不但不奢侈浪費,而且還把部分收入謹慎地儲蓄起來,以備不時之需。或許,會被周圍的人評價為吝嗇鬼、守財奴,可是,O型處女座人本身絕非一毛不拔的鐵公雞。

O型處女座人認為金錢應運用在正途上,該花的時候就應該支出。花一分錢就應該有一分錢的效果或收穫,絕對不做無謂的浪費。

不過O型處女座人總是十分的神經質,而且自尊心非常強烈,總會擔心別人的批評,在意面子。因此,也許會有突然揮金如土的情形出現。

第二章　O型人12星座解析

愛情・心語 —— 純情式的戀愛

O型處女座人不分男女,都有看重夢想的性格,並不是戀愛時沒有熱情,只是抱著謹慎的態度,對坦白而且激烈的戀愛興趣缺缺。也唯有如此的小心翼翼,才能保護純情。玩戀愛遊戲及以身相許,對他們來說都是遙不可及的事。

因此,即使未能如願地將自己的心思傳達給對方知道,O型處女座人仍在心中繼續思慕著對方,並且祈禱自己所鍾愛的人能幸福、快樂。這就是O型處女座人純情式的戀愛了。O型處女座人在戀愛時顯得有些笨拙可愛,無論人生經驗是多麼豐富,也無論命運是如何乖舛,深藏在心中的清純,永遠也不會被捨棄。

即使長大了,談起戀愛仍是一絲不苟。當然,這種戀愛方式,一直保持著相思的程度而沒有任何行動,就成了單戀,這種保守態度在現實的行動上總難免吃虧一些,挫折、失敗、或許是免不了的,由於O型處女座人害怕受到傷害,所以對那種沒有結果的戀愛,或阻礙很多的戀愛,會從心裡排斥著。

O型人好惡分明,不在意旁人的眼光,全心全意投入戀愛中,然而O型處女座人卻截然不同,一般而言,給人一種祕密進行戀愛的印象。

O型處女座人純情的特徵,在性行為過程中表現得更為

明顯，小心翼翼，極尊重對方的心情。因此，對是否要發生關係反而忽略了，尤其是 O 型處女座的女性，更是典型的清純派，不僅討厭粗暴的性行為，甚至連想的念頭都沒有，即使有了感情也不會隨便發生性關係。那種只求一時感官快樂的露水姻緣關係，更是連做夢也不會出現。

因為，處女座擅於用靈活的腦筋，把事情交給理性去分析，即使發生了肌膚之親，理性的分析也會淹沒感官的快樂。但是，只要內心深處的愛意甦醒了，在浪漫的氣氛下跟你所愛的人發生親密關係，經過充分的理解後，豐富的想像會帶你走進另一個更完美的世界。

婚姻・家庭 ── 冷靜踏實有責任

O 型處女座人可說是相當保守的人，與其說介意世俗的道德觀，倒不如說重視精神層次的安定。對 O 型處女座人來說，結婚是一件深具意義的事，不會為情勢所逼，而迷糊地進入結婚禮堂。

在 O 型處女座人的觀念中，社會生活的準備必須具有可靠的配偶和基礎堅固的家庭，如此才算是成熟的人。他們認為結婚代表著人生另一個出發點，婚後的人生，才是真正屬於自己的人生。無論如何，希望自己的婚姻能被社會大眾認可，而且 O 型處女座人也會竭盡全力建立一個基礎穩固的家庭。

第二章　O型人12星座解析

　　在選擇配偶時，O型處女座人一定會深思熟慮，多方探索，從各種不同的角度來觀察對方。經過冷靜的分析，如果仍無法充分認可，就不會貿然下決定。對於家庭生活有過於慎重的傾向，無論經濟方面、居住環境方面、教育孩子方面，都會加以充分計劃。即使要花費一段很長的時間，也一定要維持心目中理想的標準。

　　只要擁有自己的家庭後，O型處女座人就會全力發揮天賦的本能。如果是O型處女座的男性，就能以卓越的辦事能力，踏實地去面對有發展性的工作。如果是女性，則會展現天生家庭主婦的才能，建立最溫馨的家庭。

　　從另一方面來看，過於重視家庭，容易把自己局限在狹窄的生活範圍內，O型處女座人原本是個冷靜而且純情的好伴侶，但如果堅持事情的任何細節，就會變成優柔寡斷的個性。

　　O型處女座人有鑽牛角尖的傾向，如果家中起了一點小風波，頓時就會覺得心理負擔加重了許多，整日悶悶不樂。遇到這樣的情形，假如能豪爽地一笑置之倒也無妨，然而，天生認真的態度，卻不容許忽略任何小細節。於是，自然而然就愈來愈想不開了。

　　如果O型爽朗的個性能給以適當的協助，也許會有令人意外的圓滑、寬容的個性。以這種性格所組成的家庭，必定

美滿快樂，為了追求幸福美滿的家庭，O型處女座人必須要敞開心胸，使自己的度量更寬大。

男女有別・O型處女男 —— 工作狂，追求完美

O型處女男年輕時總是讓人覺得平平無奇，循規蹈矩的，但往往會在老年時成為大富豪。

究其原因，主要是因為好強的O型處女男總是喜歡把事情做得更完美，盡量做到最好，是典型的樂在其中的工作狂。而水星守護的處女座向來有著精算師的美名，在處理各種財務數據的時候，他們有著過人的天賦。

當一個人白手起家，將事業做大的時候，對財務的熟悉與精通是非常重要的，控制各種成本是他們的強項。以此穩健的風格，安全的將一個企業平穩的營運多年以後，人們會發現O型處女男的企業已經如滾雪球般做到很大。

O型處女男喜歡獨立自主、能在背後支持他們、不會因談戀愛而對他們的生活或工作增加負擔的女子。

男女有別・O型處女女 —— 自身修養極高

O型處女女喜歡在事業的成功中展現自我、實現自我。我們到處可以見到O型處女女的身影，對自身要求極高的她們，會愛上並想嫁的肯定也不能是那些碌碌無為的無名之輩。

在 O 型處女女看來，婚姻就是兩個人一起合作過好一生，合作的人好，那麼她自然也能得到很大的提升與好處。再加上她們想結婚的時候，各方面的條件已經逐漸累積到最佳，自我訓練得也很優秀，因此很容易吸引條件好的男士愛慕和追求，並且很容易通過對方家長的審核。

O 型處女女欣賞出色和強勢的男人，希望獲得可以拉近彼此距離的戀愛關係。

事業・成功 —— 更適合有韌性的樸實工作

O 型處女座人處理事情態度冷靜沉著，思維周密，而且頗具韌性，具備了這些優異的條件，無論從事任何行業，只要努力耕耘，總能獲得某種程度的成就。

O 型處女座人並不適合自己創業當老闆，或是獨立經營小本生意，倒是適合樸實的工作，比如大公司裡的一員。O 型處女座人具有卓越的能力，最適合擔任財務員、資料處理人員、祕書等職業。這些工作性質，雖然並不顯眼，卻是一個公司中最重要的一環。

由於 O 型處女座人充滿耐性，而且做事認真，即使是單純的作業，也絕不馬虎。這樣的特質也適合從事打字員、校對人員等，若是能巧妙地發揮本身優秀的頭腦，再加上認真的研究態度，也許就能成為赫赫有名的學者、專家了。

第四節　土象O型人──
穩重、實踐與堅持（金牛座、處女座、摩羯座）

無論從事何種行業，都不會惹出大麻煩，這就是O型處女座人的職業運氣。不過，若是想要獲得進一步的成功，就必須突破自己保守固執的個性，以寬宏的度量和眼光來衡量事情。

星座達人指點

對O型處女座人的忠告

若太自我中心，就會顯得不近人情，並且失去帶給別人快樂的機會。

選擇一位具有崇高理想及爽朗個性的人，來做事業夥伴，這就是成功的祕訣。

夫妻之間，父母子女之間所扮演的角色，必須明確化，以免發生不快。

基於理性的態度，以及強烈的道德感，在這種雙重壓力之下，戀愛時也不忘記現實的一面。

如果只是一味計算每天金錢的收支情形，而忽略了全盤計畫，這種短視近利的做法，不僅儲蓄不了大筆錢財，反而會導致長期計畫的失敗，務必小心這一點。

3、摩羯座（Capricorn）

12月22日～1月19日

神話由來・象徵意義 —— 刻苦耐勞的摩羯

漢密斯的兒子潘恩是半神之一，半神雖不如天神，但卻仍遠比人類卓越。牧神潘恩的醜，是連母親也嫌棄的，他頭上長有山羊的耳朵和犄角，上半身是長毛的人形，下半身卻是山羊的姿態，他最喜歡音樂，經常吹奏自己所製的葦笛。有一次，諸神在尼羅河岸設酒宴時，突然出現了一個怪物，諸天神都大驚失色，變成各種形態逃進河中，潘恩也急忙跳進水中避難，但由於過度驚慌失措，而無法完全變成一條魚……這就是「摩羯星座」的由來。

摩羯座也叫山羊座，但事實上又不是純正的羊，而是羊頭魚身的一種動物，複雜性可見一斑。摩羯座象徵著有山羊的毅力、刻苦耐勞地朝向更高層次，而內在的非理性情緒，也許是哲學性或潛在的感情部分。

摩羯座・解密 —— 婚姻特點、男女祕技

即使血型不同，所有摩羯座的婚姻特點基本都是一樣的 —— 合約式。

摩羯座的內心並沒有隱藏過多的激情，對於婚姻中的情

感和浪漫部分,多數的摩羯座是麻木並且沒有學習能力的。

所以他們需要的是一份合約,可以約束自己的行為,鞭策自己無論如何都不能放棄婚姻的合約。當然,摩羯座並不是道德完人,不是只為別人負責而不考慮自己的高尚人種。相反,合約式婚姻可以讓摩羯座在婚姻中體驗到難得的歸屬感,他們就需要一個框架,來讓自己安居樂業。

摩羯座的婚姻特點大體一致,但是性別不同還是有些差異的,誰是摩羯男的誘惑星座?誰適合做摩羯男的終身伴侶呢?

魔羯男‧星座瓜葛 —— 假意真情

魔羯男 vs 巨蟹女 —— 假意

大部分時間都在嚴於律己的魔羯座其實內心還是蠻色的,只是礙於面子沒辦法將自己的本「色」暴露出來。但是男人靈魂深處總還是需要女人的溫柔來刺激的。處於對宮的巨蟹座時常表現出來的羞怯與青澀的美很是讓魔羯座禁不住衝動。

魔羯男總是會以一些冠冕堂皇的理由接近巨蟹女,感性的巨蟹女很容易就被說服並上鉤,並且老實的巨蟹女對於魔羯男的事業一點影響也沒有,魔羯男便會勾引巨蟹女作為自己的情人。

第二章　O 型人 12 星座解析

摩羯男 vs 處女女 —— 真情

處女與魔羯的組合可謂一對名副其實的「黃金拍檔」。魔羯座通常很難切割工作與生活，即便休閒時也會關心時政民生、或參加一些高檔體面的社交活動，不會純粹而無目的地休閒放鬆。而處女座便是為數不多的人選，對待生活也很嚴謹與認真。在生活中他們會經常交流工作，以取得互相的進步。參加社交活動時，處女女也很懂得怎樣可以讓先生更加體面，從穿戴到飲食，都照顧周全，嚴格的魔羯男當然願意將戒指套到處女女的無名指上。

摩羯女・星座探祕 —— 增加魅力

堅忍不拔的摩羯女因其女人的天性，內斂的性格，給人的印象總是低調、安靜的。不同血型的摩羯女，都不以容貌來炫耀，她們的內涵往往更豐富。

適合的相親對象：

(1) 巨蟹座：巨蟹男的溫情會使摩羯女的性格開朗起來。
(2) 處女座：和處女男將是理想和幸福的結合。
(3) 金牛座：金牛男和摩羯女共同語言甚多，能建立一個安定和睦的家庭。

適合的相親裝扮：不能以漂亮取勝的魔羯女也不必著急，以端莊的套裝表現穩重大方一面，而顏色則選擇俏麗的淺色系，穩重而不失天真。

第四節　土象 O 型人——
穩重、實踐與堅持（金牛座、處女座、摩羯座）

適合的相親地點：中國風餐廳是個不錯的選擇。魔羯女向來善於廚藝，吃飯順帶聊聊美食，就算碰到不滿意的對象，也不致太過冷場。

貼心小叮嚀：一向腳踏實地而且獨立堅強的魔羯女，在相親的時候記得向對立星座巨蟹座學學柔和和母性的表達方式，會更令人如沐春風。

性格・氣質 —— 重視規律，守原則

O 型摩羯座人是腳踏實地、努力不懈的人，逐步朝著既定的目標前進，如果是一般人也許就會放棄艱難的工作，但是，O 型摩羯座人卻毫無怨言，默默地完成任何辛勞的工作。

對逆境有極強的忍耐力，無論處境如何艱辛，O 型摩羯座人都不會在表面上堅持自己的主張，而是以實際的行動來傳達意見，奮鬥不懈，直到別人完全接受建議為止。

O 型摩羯座人，做事都抱著謹慎的態度，不會有冒失、衝動的行動出現，以不變的穩重態度應付瞬息萬變的世界。

O 型摩羯座人比一般人更重視規律，並且嚴格地限制自己的行為，使自己成為中規中矩的人。因此，也最討厭那些行為不檢的人，至於那些做人沒有原則，生活沒有規律的人，就更不願意隨便親近了。

第二章　O型人12星座解析

　　O型摩羯座人由於天生就是默默耕耘的的實踐家，因此，難免給人冷漠的印象，而不敢接近。況且，摩羯座原本就是相當遵守規律的人，更會給人感覺嚴肅的態度，所以一般而言，此類型的人，通常給人難以接近的感覺；若是O型人富於彈性的氣質能適時發揮作用，就能給人一種平易近人的好感。二者的結合就會體現O型氣質多一些。

　　O型摩羯座人還有一顆充滿熱情的心和天生的幽默感，表現在外的行為稍嫌死板，卻不失迷人的魅力，強烈的自我要求和自我約束，看起來令人敬畏三分。

　　O型摩羯座人的缺點就是有時會有使人掃興的舉動，原本便不習慣和一大堆人在一起說說笑笑，若是出現在那樣的場合，必定會顯得落寞寡歡，團體中原有的氣氛也被破壞殆盡。O型摩羯座人並不是有意掃興，只是生性嚴肅，很難和別人打成一片，這一點確實需要克服。

金錢・財運 ── 收入豐厚，善於理財

　　O型摩羯座人在經濟方面的能力甚強，懂得合理地花錢，錢多也不浪費殆盡。但是，如果合理得太徹底的話就會成為守財奴、吝嗇鬼了。

　　O型摩羯座人也講究賺錢的方法，注重取之有道的原則，在O型摩羯座人的觀念裡，工作就應獲得相當的報酬，

第四節　土象O型人──
穩重、實踐與堅持（金牛座、處女座、摩羯座）

從不唱「只要有份工作，即使沒有合理的待遇也無所謂」的高調，對於不願付出合理待遇的老闆，絕不會為他效命。

儘管如此，O型摩羯座人卻不是個見錢眼開的人物，只是賺錢、用錢力求合理罷了，因此不會造成金錢上的浪費。雖然沒有特別好的財運，卻有可能在不知不覺中賺進大筆財富。

如果摩羯座強烈的自尊心及O型人的唯美意識同時產生作用，也許就會成為一個好面子的人。為了面子，可能會講求豪華的排場，如此一來，便要浪費不少錢財。在這關鍵時刻，假如能發揮特有的反省習慣，也許就能看緊錢包。總之，O型摩羯座人算得上是個善於理財的人，能擁有一定的財富。

愛情・心語 ── 討厭虛偽的愛情

一般而言，O型摩羯座人戀愛時都相當謹慎，是那種既認真又誠實的類型，很小心翼翼地藏住內心的情意，不願讓別人知道內心澎湃的感情，因此，O型摩羯座人總是偽裝成一副毫不在乎的樣子。不但跟愛情遊戲無緣，簡直打心底不屑於那種遊戲人間的態度。

O型摩羯座人所追求的是真正的愛情，捨棄虛偽，認真地觀察對方的真面目，並且也考慮到雙方的將來。

第二章　O型人12星座解析

　　由於O型摩羯座人以這種態度來談戀愛，因此，喜歡的對象，必須是能充分滿足你的野心及自尊的人。對於只有美麗外表，或僅有經濟能力、但內心卻軟弱的人，是不會多看一眼的。

　　總之，O型摩羯座人希望自己的配偶和自己的條件旗鼓相當，並且具備充分的能力及上進心，還必須能尊敬周圍的人。

　　O型摩羯座人談戀愛時，既不是守株待兔的消極型，也不是積極進攻型，沒有掙脫一切的勇氣，總是在愛與不愛之間徘徊著。

　　摩羯原本就是一種好色的動物。所以，O型摩羯座人在嚴肅的外表下，往往隱藏了貪婪、好色的靈魂，他們當然不會把這種好色心態率直地顯露出來。O型摩羯座人習慣以眼神凝視異性，由於本身擁有旺盛的精力和野心，所以對性有相當濃厚的興趣。這使得外表嚴謹高貴的他們，在性愛的表現上十分奔放。

　　從他們的謹慎的外表真的很難想像O型摩羯座人會如此沉迷在性愛中。因此，O型摩羯男即使中年以後，也會利用自己的魅力去迷惑年輕女性，O型摩羯女也會成為外形美麗的婦人，有招蜂引蝶之嫌。

　　若是O型人的氣質勝過摩羯座，會出現直爽且清純的生活方式，這種生活方式相當輕鬆也相當和睦。

第四節　土象O型人──
穩重、實踐與堅持（金牛座、處女座、摩羯座）

婚姻・家庭 ── 憋在心裡的話要對情人說出來

O型摩羯座人經由熱戀而攜手步入禮堂的可能性不大。更不會被愛情衝昏了頭，總是再三考慮：「自己和對方適合嗎？」、「要組成何種家庭呢？」諸如此類的問題，會經過周全的考慮後，才決定結婚，絕不會因一時的糊塗，而做出錯誤的決定。

O型摩羯座的男性，會選擇賢妻良母型的女性做妻子，使自己能專心於工作而無後顧之憂。若是女性，則會選擇能帶來信賴及利益的人當丈夫，使自己全心全意守護著家庭。所以一旦結了婚，就會發揮獨特的忍耐力及上進心，建立起來的家庭也絕不輸給任何人。

O型摩羯座人無論男女，婚後都會成為好的丈夫或妻子，只因為對自己的能力有十足的信心，絕不會為了小事而大吵大鬧，引發一場家庭革命，因此，婚姻也相當令人羨慕。

O型摩羯座人會盡可能給孩子一個良好環境，但是，絕不會溺愛孩子，因為，O型摩羯座人生性喜好遵守紀律，若是對孩子也作相同的要求，自然就變成孩子不敢接近的嚴父嚴母了。

由於O型摩羯座人有充沛的體力，足以勝過其他人，因此，O型摩羯座人會將其他人看成弱者，在這種心情的影響

第二章　O型人12星座解析

下,對待別人就顯得有些淡漠了。若是以漠不關心的態度去對待家人,相信他們也難以忍受。

儘管O型摩羯座人內心裡相當拘泥於做丈夫、妻子的面子,或是做父母的面子,總是難以收回自己所說的話。然而自傲也不容許吵鬧,所以,一旦發生了問題,就會憋在心裡很久,於是雙方的感情就更加疏遠了。

假如能以O型人多面的社會性來節制自己,如此一來,性格就會更有彈性了,在人際關係上也能處理得更好。

男女有別‧O型摩羯男 —— 腳踏實地

O型摩羯男心態端正,情緒控制得當,面對競爭激烈的社會,能夠腳踏實地、努力不懈使自己逐步朝著既定的目標前進。

如果O型人氣質明顯一些,則人際關係能處理得十分得當,家裡面經常會有朋友同事來拜訪。在公司裡,關係良好的同事很多,升職的速度也較其他人快一些。

對於重擔和困難,O型摩羯男可以一肩承擔,真的做到了可堪大用。

O型摩羯男對逆境有極強的忍耐力,無論處境如何艱辛,都毫無怨言,默默地完成任何辛勞的工作。對做事抱著謹慎的態度,不會有冒失、衝動的行動出現,不會在表面上

堅持自己的主張。O型摩羯男能以實際的行動來傳達意見，並且能持之以恆，直到達成自己的想法。

男女有別・O型摩羯女 —— 勇於迎接任何挑戰

O型摩羯女不管外表給人什麼樣的感覺，都不要認為她可能是柔弱的。

她們可能溫柔，但絕對不弱。千萬別拿男人的標準來判斷她們，認為她們是弱勢的族群。因為那很可能會使大男人主義者失去再繼續當男人的信心，更何況就算拿男人的雄心壯志來當賭注，也會輸光的。

O型摩羯女的氣概和成就絕對讓鬚眉男兒汗顏，她們能接受任何挑戰，並取得勝利，任何試著和這個類型的女人交手的結局都是慘敗。

O型摩羯女同時也是個相當傳統的人，並且很堅持己見，也很保守，但她也很女性化，她也許很安靜，但她也可以很冷漠的接受任何挑戰，並取得勝利。她有著獨特的優雅、保守、傳統、風範、禮儀、頑固、憂鬱、悲觀及沮喪。她其實很富有變化，只是她自己綁住了自己的本性，雖然O型魔羯女個性保守又固執，但她們相當誠實，是可靠度百分百的星座。她們踏實，愛恨分明，對於自己不喜歡的事物態度會表現得相當明確，這也是她們讓人放心的地方。

第二章　O型人12星座解析

事業・成功 ──
成功的人士都有一顆不甘寂寞的野心

O型摩羯座人擁有踏實且安定的目標,所以選擇職業時,最好也能選擇基礎穩固,有安定感的職業。例如公務員、教師、會計師等。

此外,如數學家、測量技術、電腦程式設計師,這一類需要精密計算能力的職業也很適合,若是想利用天生的音樂才能,更不妨立志做個聲樂家或作曲家。

總之,O型摩羯座人不但具有優異的潛能,更擁有充沛的耐力及鬥志,深藏不露的野心,這些將是成功的原動力。

即使O型摩羯座人目前的職位只是一名小職員,內心卻一直在計劃著如何往上爬,為了達到目標,不惜犧牲部分利益。O型摩羯座人不會只顧眼前的利益,而忽略了往上爬的機會,即使只能跨出一小步,也不會放棄。

基於上述的性格,便可知道O型摩羯座人相當有才幹,同時也相信心狠手辣的作用。

雖然不是每一個摩羯座的人都有這種性格,但還是奉勸不要招惹他們,小心為妙。

第四節　土象 O 型人——
穩重、實踐與堅持（金牛座、處女座、摩羯座）

星座達人指點

對 O 型摩羯座人的忠告

嚴以律己固然沒錯，但如果使自己看來道貌岸然，使人難以親近，就不太好了。

若是用錢過度合理化，就會變成令人討厭的守財奴，千萬注意這點。

假如拘謹的外表及貪婪的內在失去平衡，就會使對方感到迷惑，不知應接受哪一個。

不要老把問題憋在心裡，有時說開了反而會好些，別用自己的標準苛求別人，對孩子更不能強求。

會成為很有成就的人，此時，應特別注意別只顧工作，而忽略了人際關係，須知，成功的人際關係，比成功的事業更為重要。

國家圖書館出版品預行編目資料

O 型人 × 星座密碼，12 種特質全解析：神經質、母性極強、天生領袖……？從性格、愛情到職場，揭開血型與星座如何塑造你的命運！/ 張祥斌 編著 . -- 第一版 . -- 臺北市：財經錢線文化事業有限公司 , 2025.04
面； 公分
POD 版
ISBN 978-626-408-206-8(平裝)
1.CST: 占星術 2.CST: 血型
292.22   114003308

O 型人 × 星座密碼，12 種特質全解析：神經質、母性極強、天生領袖……？從性格、愛情到職場，揭開血型與星座如何塑造你的命運！

編　　著：張祥斌
發 行 人：黃振庭
出 版 者：財經錢線文化事業有限公司
發 行 者：崧燁文化事業有限公司
E - m a i l：sonbookservice@gmail.com
粉 絲 頁：https://www.facebook.com/sonbookss/
網　　址：https://sonbook.net/
地　　址：台北市中正區重慶南路一段 61 號 8 樓
8F., No.61, Sec. 1, Chongqing S. Rd., Zhongzheng Dist., Taipei City 100, Taiwan
電　　話：(02) 2370-3310　傳真：(02) 2388-1990
印　　刷：京峯數位服務有限公司
律師顧問：廣華律師事務所 張珮琦律師

-版權聲明-

本書版權為作者所有授權財經錢線文化事業有限公司獨家發行電子書及繁體書繁體字版。若有其他相關權利及授權需求請與本公司聯繫。
未經書面許可，不得複製、發行。

定　　價：299 元
發行日期：2025 年 04 月第一版
◎本書以 POD 印製

Design Assets from Freepik.com